JN298240

事業再生の実務

日本公認会計士協会／編

日本公認会計士協会出版局

発刊に当たって

　平成11年度の民事再生法の制定（和議法の廃止）を始めとする倒産法制の整備に並行して、債権者の合意による私的整理のスキームに関する枠組みも整備され、事業再生における多様な局面に対応できる仕組みが整備されてきた反面、多種多様となったスキームに関して、どのような場合にどの手続がより適合するのかが理解しにくくなってきています。このため、事業再生・倒産手続の事案に新たに取り組む公認会計士のための分かりやすいガイダンスを提供することを目的に、経営研究調査会研究報告第47号「事業再生実務と公認会計士の役割」を取りまとめました。

　本研究報告公表後、この研究報告は、公認会計士だけでなく、中小企業経営者、この業務に携わる弁護士、税理士、中小企業診断士等の他の専門家、事業再生を研究している大学や大学院などの学生・研究者にとっても、有用であるとのご意見もあったことから、この度、多くの方々にご活用いただくことを目的として、これを書籍化し、発刊することといたしました。

　なお、書籍化に当たっては、本研究報告の答申時点では、公布されていなかった「経済社会の構造の変化に対応した税制の構築を図るための所得税法等の一部を改正する法律」に対応した取扱いを、補論（繰越欠損金に関する平成23年度税制改正が事業再生税制に与える影響）として追加しております。

　「日本再生」のためには、まず地域経済の再生が必要であり、そのためには、その地域経済を支えている中小企業等の再生が必要と考えます。長い景気低迷が続く中、平成23年３月11日の東日本大震災に加えて最近の円高により、多くの中小企業等がより厳しい状況におかれている昨今では、ますます事業再生の専門家が必要とされることになると思います。本書が、専門家にとっての一助となり、少しでも「日本再生」に寄与できれば幸いです。

最後になりましたが、本書の刊行に当たり、ご多忙の中、貴重な時間を割いていただきました経営研究調査会（再生支援専門部会）の委員、専門委員及びオブザーバーとしてご協力いただいた方々にはこの場を借りて心からお礼申し上げます。

平成24年3月

　　　　　　　　　　　　　　　　　　　　　　　　日本公認会計士協会
　　　　　　　　　　　　　　　　　　　　　　　　会長　山　崎　彰　三

事業再生の実務

目　次

はじめに……………………………………………………………………… 1

1．事業再生等に関する手法の概要 ……………………………… 3

（1）事業再生に関する制度・手法の変遷……………………………… 3
（2）法的整理と私的整理の類型………………………………………… 3
（3）法人格継続の有無・スポンサーの有無による分類……………… 7
（4）その他の債務処理手法……………………………………………… 8

2．平成11年以降の倒産法制の整備……………………………… 11

（1）民事再生法の制定（和議法の廃止）
　　　（平成11年12月22日公布、平成12年4月1日施行）…………… 11
（2）会社更生法の改正
　　　（平成14年12月13日改正、平成15年4月1日施行）…………… 12
（3）特定調停法の制定
　　　（平成11年12月17日公布、平成12年2月17日施行）…………… 15
（4）破産法の改正
　　　（平成16年6月2日改正、平成17年1月1日施行）……………… 15
（5）特別清算（会社法510−574）……………………………………… 16
（6）産業活力の再生及び産業活動の革新に関する特別措置法
　　　（平成11年8月13日公布、平成11年10月1日施行）
　　　に基づく私的整理の手続…………………………………………… 17

3．制度的拡充が進む私的整理 …… 21

- （1）私的整理に関するガイドライン …… 23
- （2）RCC企業再生スキーム …… 25
- （3）中小企業再生支援協議会の支援による再生 …… 29
- （4）事業再生ADR（裁判外紛争解決手続） …… 37
- （5）企業再生支援機構 …… 42
- （6）中小企業承継事業再生計画（第二会社方式） …… 46
- （7）各制度に要する実務的な期間 …… 51

4．事業再生手続の背景にある事業再生税制（税制の概要と留意点）…… 53

- （1）資産の評価損益 …… 54
- （2）欠損金 …… 63
- （3）一定の私的整理の要件 …… 68
- （4）第二会社方式と税制 …… 73
- （5）仮装経理に基づく過大申告の場合の還付と減額更正 …… 79
- 補　論：繰越欠損金に関する平成23年度税制改正が事業再生税制に与える影響 …… 85

5．各種倒産手続における会計と資産の評定の概要 …… 97

- （1）各種の倒産手続 …… 97
- （2）倒産手続における資産の価額の評定の概要 …… 98
- （3）会社更生手続における資産評定（財産評定）と会計 …… 101
- （4）民事再生手続における資産評定と会計 …… 103
- （5）「一定の私的整理」における資産評定と会計 …… 104
- （6）不動産鑑定評価制度との関係 …… 105
- （7）機械装置等設備資産の評定 …… 108
- （8）事業全体の価値とのれん …… 108
- （9）国際的な潮流 …… 109

6．事業再生における各種債務処理及び組織再編の手法 113

（1）債権放棄・債権譲渡 113
（2）債権のリスケジュール・再構成（Debt Restructuring） 122
（3）DES（Debt Equity Swap） 127
（4）DDS（Debt Debt Swap） 134
（5）事業再生における事業再編手法
　　（合併・分割・株式交換・現物出資）の適用 136
（6）再生ファンド又はPE（Private Equity）ファンド 142

参考文献 147

付録1：事業再生の手続と税制の関係 148

付録2：事業再生税制改正の推移と私的整理の要件 168

（1）平成17年度事業再生税制の意義 168
（2）平成21年度事業再生税制の役割と課題 169
（3）場面によって異なる私的整理の範囲 170

付録3：会社更生法改正時の財産評定に関する議論 177

（1）資本の再構築手続の必要性 177
（2）時価による財産評定の導入 178
（3）財産評定の機能別分化 179
（4）時価概念について 180

〈用語について〉
本研究報告における参照条文内では、以下の略語を使用している。
　ＡＤＲ法：裁判外紛争解決手続の利用の促進に関する法律
　更　生　法：会社更生法
　更　生　則：会社更生法施行規則
　会　社　法：会社法
　会　社　則：会社法施行規則
　金融更生特法：金融機関等の更生手続の特例等に関する法律
　国　通　法：国税通則法
　産　活　法：産業活力の再生及び産業活動の革新に関する特別措置法
　措　　　法：租税特別措置法
　法　　　法：法人税法
　法　　　令：法人税法施行令
　法　　　則：法人税法施行規則
　法　基　通：法人税基本通達
　所　基　通：所得税基本通達
　民　再　法：民事再生法
　民　調　法：民事調停法
　機　構　法：株式会社企業再生支援機構法

１：第１条、①：第１項、一：第１号

【執筆者一覧】

日本公認会計士協会　経営研究調査会　再生支援専門部会
　杉本　　茂（専門部会長）
　伊藤　雅典（専門委員）
　小髙　和昭（専門委員）
　栗本　興治（専門委員）
　佐藤　　誠（専門委員）
　須賀　一也（専門委員）
　須田　　徹（専門委員）
　反町　公太（専門委員）
　髙野　公人（専門委員）
　野村　智夫（専門委員）
　藤井　敏央（専門委員）
　中務　裕之（オブザーバー・公認会計士）

　小見山　満（副会長）
　市村　　清（常務理事・経営研究調査会委員長）

はじめに

　平成11年度の民事再生法の制定（和議法の廃止）を始めとして、倒産法制の整備が行われ、それに並行して、債権者の合意による私的再生のスキームに関する諸制度も整備されてきた。これら一連の整備は、手続の合理化や迅速化及び適用する企業範囲の拡大を図ることを目的としたものであった。

　公認会計士がこれらにかかわるケースとしては、被監査会社又はその取引先がこれらの手続を検討又は開始する場合だけでなく、直接的に債務者側、債権者側又は投資家（スポンサー）側の補助者又はアドバイザーとしてこれらの手続にかかわる場合も多くなっている。

　しかしながら、いろいろな局面に対応できる制度が整備されてきた結果、多種多様なスキームが開発され、どのような場合にどの手続がより適合するのかが理解しにくくなってきている。また、実務上の運用方法の改善により日々その区分けが変化している状況にある。さらに、これまで大企業向けとされている手法でも相当小規模な事案にも適用される事例も出てきており、事業再生の実務手続は複雑化する傾向にある。

　そこで、事業再生・倒産手続の事案に新たに取り組む会員のための分かりやすいガイダンスを提供することを目的に、関連制度の概要及び企業の規模を問わず多く発生する実務上の問題を含めて整理することを目指し、事業再生・倒産手続のメニュー、実務的技法の解説とともに、広く事業再生・倒産手続について債務者企業、債権者企業に関する制度を会計・税務を中心に、経営研究調査会研究報告第47号「事業再生実務と公認会計士の役割」（以下「本研究報告」という。）として取りまとめた。なお、平成23年3月11日の東日本大震災とそれに続く災害に関して策定された「個人債務者の私的整理に関するガイドライン」は、原則として企業を対象とする本研究報告の対象とはならないものである。しかし、その踏み込んだ内容は注目に値するものと考え、付録1他、本文中でも参照している。

　本研究報告は、平成21年8月5日付けで公表された経営研究調査会研究報告

第37号「中小企業等の事業再生実務と公認会計士の役割」の改正版であり、その後の改正及び大企業を対象とする手続にも焦点を当てることを目的に、全編を再整理して取りまとめたものである。よって、本研究報告の公表をもって、経営研究調査会研究報告第37号「中小企業等の事業再生実務と公認会計士の役割」は、その役割を終えることになる。

1 事業再生等に関する手法の概要

(1) 事業再生に関する制度・手法の変遷

　倒産事件の大型化や不良債権の拡大という時代背景の中で、平成11年以降、事業再生に関する制度や手法は次のように法的整理の拡充と私的整理の整備・多様化の流れを歩んできた。

```
1997  平成 9年  山一証券　北海道拓殖銀行　破綻
1998  平成10年  日本長期信用銀行破綻　債権譲渡特例法
1999  平成11年  民事再生法制定［法的整理］（和議法廃止）
              産活法スキーム制定
              特定調停法制定［法的整理］
2000  平成12年  民事再生法施行
2001  平成13年  私的整理に関するガイドライン公表［私的整理］　マイカル破綻
2002  平成14年  会社更生法改正［法的整理］　エンロン事件
2003  平成15年  産業再生機構発足［私的整理］
2004  平成16年  破産法改正［法的整理］
2005  平成17年  RCC企業再生スキーム制定［私的整理］　会社法改正
2006  平成18年  DES（債務の株式化）債務消滅益課税へ
2007  平成19年  事業再生ADR制定（産活法）［私的整理］　産業再生機構解散
2008  平成20年  中小企業再生支援協議会スキーム制定［私的整理］
2009  平成21年  認定第二会社方式制定　DIP型会社更生手続第1号
              企業再生支援機構発足［私的整理］
2010  平成22年  日本航空会社更生法申立て
```

(2) 法的整理と私的整理の類型

　事業再生は、裁判所の関与の有無により法的整理と私的整理に区分される。法的整理・私的整理の手続には、清算型を含めると現在次のようなものがあ

る。私的整理の手続には、次の手続によるもの以外に実務の中で様々な手続が行われているが、それらは原則として本研究報告の対象とはしていない。

法的整理の手続では、特定調停を除き、いずれも債務者の名が公表されるため事業価値毀損を完全に回避することはできない。また、私的整理に比べると一般に法的整理の方が手続に要する期間も長いという特徴がある（事業再生の手続概要を付録1で整理しているので参照されたい）。

① 法的整理
［再建型］
イ．民事再生手続（民再法）
 平成12年に和議法に代わって創設された法的整理手続であり、原則として従来の経営者が引続き再生手続に当たる。
ロ．会社更生手続（更生法）
 担保権を含む債権を対象とする厳格な法的整理手続であり、原則として従来の経営者に代わって裁判所から選任された管財人が再生手続に当たる。
ハ．特定調停（特定債務等の調整の促進のための特定調停に関する法律）
 特定の債権者との和解的合意の形成を目的とする手続であるが、民事再生手続や会社更生手続と比べると当事者に対する法的な拘束力は弱い。
［清算型］
ニ．破産手続（破産法）
ホ．特別清算手続（会社法510以下）

② 私的整理
イ．私的整理に関するガイドライン（私的整理に関するガイドライン研究会、平成13年9月公表、同17年11月改定）
 平成13年に創設された最初の私的整理の準則であり、金融債務の削減による事業再生を目的とする手続

ロ．RCC企業再生スキーム（株式会社整理回収機構、平成16年2月制定、同23年9月改定）

　　株式会社整理回収機構（Resolution and Collection Corporation：以下「RCC」という。）が定めた私的整理の準則であり、金融債務の削減による事業再生を目的とする手続

ハ．中小企業再生支援協議会の支援による再生（産業活力の再生及び産業活動の革新に関する特別措置法第42条　中小企業再生支援協議会事業実施基本要領、中小企業庁、平成20年4月公表）

　　中小企業再生支援協議会が定めた私的整理の準則であり、中小企業を対象とする金融債務の削減による事業再生を目的とする手続

ニ．事業再生ADR（裁判外紛争解決手続）（産業活力の再生及び産業活動の革新に関する特別措置法第48条（平成19年5月改正創設）、産業活力再生特別措置法第四十八条第一項の規定に基づく認証紛争解決事業者の認定等に関する省令（平成19年8月））

　　私的整理準則の実務の蓄積を背景に創設された事業再生を目的とするADR（Alternative Dispute Resolution：裁判外紛争解決手続）であり、手続の進め方や事業再生計画の要件等が法令に定められた私的整理手続

ホ．株式会社企業再生支援機構（株式会社企業再生支援機構法（平成21年6月）、平成21年10月設立）（以下「企業再生支援機構」という。）

　　地域経済の再建を図るため、中堅事業者、中小企業者等の事業再生の支援を目的として、債権買取、対象事業者に対する出資・融資等の他、経営人材の派遣等の業務を行う国の認可法人

　上記に記載した私的整理の類型は、それぞれ社会的に認知された事業再生手続の手順が明示されていることや特定の事業再生税制の適用がある点で、その他の私的整理と異なる。そのため、本研究報告では上記イからホまでの私的整理を「一定の私的整理」という。

　一定の私的整理はいずれも金融債務の整理を対象とし、商取引債務を除外し

ているので事業の著しい事業価値の毀損を回避することができる。そのため、事業再生においては、これらの私的整理の適用の可否がまず検討される。一般に私的整理が適する案件は次のとおりである。

私的整理が適する案件
○金融債務の減免だけで再生が可能
○商取引債権を約定どおり支払うだけの資金がある
○メインバンクの協力が得られる
○事業基盤（技術、ブランド、商圏、人材等）があり、収益性・将来性がある
○法的整理手続では事業価値の毀損が著しい

　私的整理に関するガイドライン及び事業再生ADRは、比較的規模の大きな企業に適した手続であり、RCC企業再生スキーム、中小企業再生支援協議会スキーム及び企業再生支援機構は、中堅・中小企業向けの手続である。
　しかし、資金状況が逼迫している場合や私的整理に対する金融債権者の協力の見込が低い場合等、またこれらの私的整理手続が不首尾に終わった場合等には、法的整理を選択せざるを得ない。一般に法的整理が適する案件は次のとおりである。

法的整理が適する案件
○経営管理に問題がある　→　管理型の手続（会社更生・管理型再生）
※管理命令……財産の管理又は処分が失当であるとき（民再法64①）
○担保権者の協力が期待できない　→　会社更生
※会社更生……担保権者も更生計画に基づいて弁済
※民事再生……担保権者は手続外で権利行使ができる（別除権）
○公募社債を発行している
※社債権者集会による償還金額の減額決議の困難性

　法的整理の中でも、手続に要する期間が短く事業価値毀損の度合を抑え易いことや経営権の維持が可能なこと等から民事再生手続を選択するケースが多い。事業規模が大きく権利関係の複雑な大企業は、例えば、担保権付債務が多く担保権実行の停止の実効性を確保する必要性が高い場合等には、会社更生手続が有用であり、債務者企業の状況によっても選択すべき法的整理手続は変わって

くる。

　特定調停は、裁判所の調停手続により特定の債権者との間の個別的な合意形成を目的とするものであり、私的整理手続を補完するものとして特定の不同意先との調停に利用することによって民事再生手続等による事業価値毀損の回避が期待できる。

　また、民事再生手続等においても、事前にスポンサー候補を適正に選定しておき、スポンサーの早期公表と手続期間の短縮[1]とにより事業価値毀損の度合を抑えること（「プレパッケージ型」といわれる。米国連邦倒産法のプレパッケージ型再生手続（Pre-solicited or Pre-packaged Chapter 11：Reorganization）とはやや意味が異なる。4(4)第二会社方式と税制の脚注22参照）も検討される。

（3）法人格継続の有無・スポンサーの有無による分類

　事業再生を、従前の法人格を継続させるか（旧会社型）、別会社に事業承継するか（第二会社方式　4(4)参照）、また、自力再生か（自力再生型）、スポンサーの支援を受けるか（スポンサー型）の観点から分類すると、次表のようになる。

	旧会社型	第二会社方式	
		第二会社方式（分割型）	第二会社方式（譲渡型）
自力再生型	撤退事業及び過剰債務を整理し、旧会社をそのまま存続させて収益力ある事業による再生を図る。	会社分割の方法により撤退事業或いは収益力ある事業を切り出して過剰債務を整理し、撤退事業会社は清算、収益力ある事業会社の再生を図る。	収益力ある事業をグループ内の第二会社に事業譲渡して再生を図り、撤退事業及び過剰債務が残る旧会社は事業譲渡対価を一括又は分割して債務の弁済に充て、清算を進める。
スポンサー型	撤退事業及び過剰債務を整理し、旧会社をそのまま存続させてスポンサーによる出資等の支援と収益力ある事業による再生を図る。	会社分割の方法により撤退事業或いは収益力ある事業を切り出して過剰債務を整理し、撤退事業会社は清算、収益力ある事業会社をスポンサーが買収する。	収益力ある事業をスポンサーに事業譲渡して再生を図り、撤退事業及び過剰債務が残る旧会社は事業譲渡対価を一括して債務の弁済に充て、清算する。

旧会社型の自力再生型は、最もオーソドックスな類型であるが、一般に債務の分割弁済が長期にわたるため、事業再生の期間が長くなる傾向がある。

　一方、事業再生の期間が短い程、信用回復が早まることや金融機関からの資金調達の可能性も高まるため、スポンサーからの出資を受けて早期に債務の弁済を完了させたり、第二会社方式によって収益力あるコア事業（収益力ある事業）を切り出す方法が検討される。後者では旧会社の潜在リスクが遮断されるため、スポンサーが協力しやすいことや金融機関の協力も比較的得易い等のメリットもある。

　他方、第二会社方式のデメリットとしては、法人格に異動を生ずるため事業の許認可の継続・再取得の問題や第二会社の設立や不動産の承継・譲渡に伴う登録免許税等の税負担があるほか、コア事業会社における切出し直後の資金調達が必ずしも容易でないため、スポンサー型は可能であるが、自力再生型では採用が難しい面がある。

　産業活力の再生及び産業活動の革新に関する特別措置法の平成21年4月の改正では、第二会社方式の持つメリットに着目して、これらのデメリットの軽減を図るための各種の対策が盛り込まれた。

（4）その他の債務処理手法

　事業再生における債務処理手法としては、債務の一部免除を受ける方法が原則的な方法であるが、それ以外に次のような方法が利用されることがある。

イ．DPO（Discount Pay Off）

　　債務者が自社の金融債務を、額面を下回る価額で買い取ることにより、一部債務免除を受けるのと同等の効果を得ること又は一定額の回収を条件として残債権を放棄することをいう。

ロ．DES（Debt Equity Swap（債務の株式化））

　　金融債務の一部を現物出資することにより、金融債務を債務者会社の株式と交換すること

ハ．DDS（Debt Debt Swap）

　　金融債務の一部を劣後債権に交換することにより、債務者にとっては返済期限の長期化、金融債権者にとっては自己査定における債権の健全化を図ること等

1　手続期間を短縮するため、計画（更生計画や再生計画）外の裁判所の事業譲渡許可に基づいて事業譲渡することがある。

2 平成11年以降の倒産法制の整備

(1) 民事再生法の制定（和議法の廃止）
　　（平成11年12月22日公布、平成12年4月1日施行）

　民事再生手続の特色は、原則として、債務者自らが裁判所の監督の下に業務執行を行い、財産の管理処分権を有したまま事業の再建を図ることである。これを、債務者占有継続型（Debtor in Possession型、以下「DIP型」という。）という。

　このため、債務者自らが、申立代理人となる弁護士及びその補助を行う公認会計士等と共に債権調査や財産評定、業務及び財産等の状況についての報告、再生計画案の提出を行う等の再生手続を遂行することとなる。

　民事再生手続の申立てに当たっては、これらの手続に精通した弁護士及び公認会計士等の専門家に相談することが多く、株式会社に限らず、自然人、法人を問わず適用され、学校法人、医療法人などの公益法人を含む非営利法人にも適用される。

　また、債務者等が民事再生手続開始の申立てを行うと、通常、裁判所は、保全処分と共に、債務者と利害関係等を有さない弁護士を監督委員として選任し、再生手続の遂行を監督する。さらに、公認会計士等がその補助者として選任されることとなる。補助者となった公認会計士等は、債務者の行った財産評定、過去の決算や会計帳簿の作成状況、役員等の不正行為、再生計画案の清算価値保障等について調査を行う。

　なお、民事再生手続を遂行するのは、債務者と共に再生債務者側を主導して再生計画の作成や債権者との調整に当たる申立代理人となる弁護士が担当し、その申立代理人弁護士が、更に会計・税務に精通した公認会計士等を補助者と

して選任する。

　また、監督委員側も、必要があると認められるときは補助者を選任することができることとされており、特に東京地裁での民事再生事件については、原則として監督委員が補助者として公認会計士を選任することとされている。

　民事再生手続では、原則として担保権者の権利の行使を禁止することはできない。しかし、これでは、事業継続に必要な財産が散逸し、事業価値が毀損するおそれがあるので、一定の場合には担保権の行使を防ぐため、競売手続の一時的な中止命令や担保権評価額と同額の金銭を裁判所に納付することにより、その財産の担保権を消滅させる担保権消滅制度などがある。

　会社更生手続と比べると、手続の法的効力が弱い反面、低廉かつ迅速であり、中小企業向きの手続といえる。

　なお、申立てに際しては、原則として負債総額により次の表に記載された予納金[2]を裁判所に対して納めなければならない（民再法24・民事再生規則16）。

負債総額	予納金額
5,000万円未満	200万円
5,000万円以上1億円未満	300万円
1億円以上5億円未満	400万円
5億円以上10億円未満	500万円
10億円以上50億円未満	600万円
50億円以上100億円未満	700万円―800万円
100億円以上250億円未満	900万円―1,000万円
250億円以上500億円未満	1,000万円―1,100万円
500億円以上1,000億円未満	1,200万円―1,300万円
1,000億円以上	1,300万円以上

（注）金額は東京地裁における法人債務者の通常の事案のケースである。

（2）会社更生法の改正
　　　（平成14年12月13日改正、平成15年4月1日施行）

　会社更生法は、株式会社のみを対象とした再建型法的手続の一つである。

民事再生法同様、再建型ではあるが、会社更生法は担保付債権をも手続の中に取り込み、権利変換を行うことができる強力な手続である。租税債権も優先債権として手続に取り込まれることとなる。また、組織再編行為について、会社法の本来の規定を受けないで行うことができるなどの特徴がある。

更生手続が開始すると、裁判所により選任された管財人により更生計画の策定等の手続が進められることとなる。すなわち、経営者は原則として経営権を失うことになり（管理型）、この点において民事再生手続とは異なる。平成21年に入り、後述するように会社更生手続においても、民事再生手続と同様に従来の経営者が管財人に就任し、手続を進めるDIP型の運用が始まっており、この面では両手続の相違がないケースも生じている。

申立てに際しては、裁判所に対して会社の規模や負債総額等により個別に定められる予納金を納めなければならないが、当該予納金（更生法21・更生則15）の水準が通常数千万円（東京地裁の場合、最低でも2,000万円以上といわれている。）と他の倒産手続に比べるとかなり高額になっており、経営権を失うことと費用が高いということが中小企業向けの事業再生手法として会社更生法を選択することの障害になっているといわれている。民事再生手続と比べると、手続の法的効力が強い反面、費用と時間を要するところから大企業向きの手続といえる。

会社更生の場合についても、弁護士や公認会計士等の外部の専門家に依頼し、再生の見込みについて検討を行った後に会社更生手続の申立てを検討することとなるが、民事再生とは異なり、仮にこの際の検討に当たった弁護士が会社更生手続の申立代理人となったとしても、その後の保全管理人や管財人は裁判所が選任するものであり、当該弁護士、公認会計士はその後の手続には原則的には関与せず、管財人など（通常は保全管理人が引き続き管財人を務める。）が新たに公認会計士などを選任する。管財人などに選任された公認会計士などは、申立会社の財務等の調査を行うほか、開始決定後の決算、財産評定、事業計画や弁済資金収支計画の作成、認可日決算などに関する会計・税務の指導に当たる。

最近では東京地方裁判所において次のような新しい運用が始まっており、民事再生や私的整理の特長を取り入れる傾向が見られる。

① DIP型の運用

　従来の管理型では、経営陣は経営権を失うことを恐れて申立て時期を延ばしがちになるため事業価値の毀損が大きく、管財人の弁護士は法律問題だけでなく経営問題にも通暁することが必要とされるため負担が重いなどの問題があることから、DIP型は次のような要件を満たすときには事業再建の意欲がある現経営陣に経営権を留保させて事業再建を図るものである。
　イ．現経営陣に不正行為等の違法な経営責任の問題がないこと
　ロ．主要債権者が現経営陣の経営関与に反対していないこと
　ハ．スポンサーとなるべきものがいる場合はその了解があること
　ニ．現経営陣の経営関与によって会社更生手続の適正な遂行が損なわれるような事情が認められないこと

DIP型では更生手続遂行の主体について次のような運用が行われる。申立代理人の弁護士は保全後においても経営陣に対する法律的助言者として重要な役割を果たすことになる。

申立て～開始前	開始決定後
経営は従前どおり （弁済禁止の保全命令） 調査委員兼監督委員を選任	現経営陣から更生管財人を選任 （申立代理人を管財人に選任することも） 調査委員による監督

② 商取引債権の保護

　申立て時の弁済禁止の保全処分により、申立て前の原因に基づく債権の弁済は禁止され、以後の弁済は債権者平等原則に則って行われるのが原則である。しかし、債権者間の衡平を害しない範囲で、従来から債権者数を減らして手続の円滑な進行を図るために一律50万円などの少額債権の弁済が行われていた（更生法47⑤前段）。

これに対して、最近は、弁済しなければ事業の継続に著しい支障を来すことを理由とする少額債権の弁済（更生法47⑤後段）により、実質的に商取引債権を保護する運用が行われるケースが出てきている。この場合は弁済額の上限が高めに設定されるが、債権者からの取引維持の誓約書の提出が条件とされる。

（3）特定調停法の制定
（平成11年12月17日公布、平成12年2月17日施行）

　特定調停法は民事調停法の特例として施行され、その対象を支払不能に陥るおそれのある個人の債務者や債務超過に陥るおそれのある法人の経済的再生を図るため、係る債務者と債権者等の利害関係者の間における利害調整を行うものである。

　裁判所は、調停委員として専門知識を有する者を調停に当たらせる。また、一定の場合に民事執行手続の停止を命ずる等の措置を講ずることができるものとされており、調停が成立した場合には、その調停内容により、権利変換が行われる。この面から再建型手続の一つとして認識される。

　申立てに際して予納金を納めることはなく、費用としては印紙代・切手代として数千円必要になる程度である。

　特定調停についても、弁護士、公認会計士が関与することとなると思われる。

（4）破産法の改正
（平成16年6月2日改正、平成17年1月1日施行）

　破産手続は、法人又は自然人の債務者が支払不能や債務超過の状態にある場合において、債権者又は債務者の申立てにより手続が開始される。裁判所により任命された破産管財人が手続を進めるが、手続の中で、債務者の財産等を換価し、債権者に弁済する。破産手続が終結すると破産債務者（法人）は消滅することとなる清算型の手続である。

　同じ清算型の手続である特別清算との違いは、債権者が少なく又は債権者数

を減らすことができ、かつ、債権者からの任意の債務免除を受けることができる場合などは、特別清算を選択する余地もあるものと考えられる。

申立てに際しては、原則として負債総額により次の表に記載された予納金（破産法22・破産規則18）を裁判所に対して納めなければならない。

また、この場合にも基本的には弁護士、公認会計士等の専門家に相談することが先決と思われる。

負債総額	予納金額
5,000万円未満	70万円
5,000万円以上1億円未満	100万円
1億円以上5億円未満	200万円
5億円以上10億円未満	300万円
10億円以上50億円未満	400万円
50億円以上100億円未満	500万円
100億円以上	700万円以上

（注）金額は東京地裁における法人債務者の通常の事案のケースである。

（5）特別清算（会社法510-574）

裁判所は、株式会社の清算につき、清算の遂行に著しい支障を来すべき事情がある場合は、株主や清算人などの申立てにより特別清算の開始を命ずることができる。特別清算は、裁判所の監督の下に進められる法的手続である。一般的には破産手続に比較して簡易、迅速な清算手続といわれている。

清算人は、債権者や株主などに対し、公平かつ誠実に清算業務を行う義務を負い、裁判所は清算人が適切に清算事務を行っていないときなどは、債権者若しくは株主の申立て又は職権で清算人を解任することができる。また、裁判所は一人以上の監督委員を選任し、財産の処分その他の行為に同意をする権限を付与することができる。更に裁判所は、必要があると認めるときは、一人以上の調査委員を選任し、特別清算に至った事情や当該会社の業務及び財産の状況などの調査を命じることができる。

清算手続は、債権者集会を中心として行われる。清算人はすべての財産を換金し、債務の弁済に充てるが、債務超過の場合は、債務の減免を受けることにより、債務超過の解消をしなければならない。債務の減免は、個別の債権者との交渉や債権者集会に対する協定の申し出により行われる。協定による債務の減免などの権利変更は、協定債権者の間では平等でなければならないが、不利益を受ける債権者の同意がある場合、又は少額の協定債権について別段の定めをしても衡平を害しない場合などはこの限りでないとされている。

　なお、裁判所は特別清算開始後、債務超過が解消しない場合や、協定成立の見込みがないと認められるときは、職権で破産手続開始の決定をすることができる。

（6）産業活力の再生及び産業活動の革新に関する特別措置法（平成11年8月13日公布、平成11年10月1日施行）に基づく私的整理の手続

　産業活力の再生及び産業活動の革新に関する特別措置法（以下「産活法」という。）自体は、倒産又は倒産の危機に瀕している会社に対する支援を特に目的とした法律ではなく、生産性及び財務健全性に関する事業計画がこの法律に基づく認定を受けることにより会社法、公的資金融資、税制等の特例措置を受けることができる制度である。そのため、計画の中で、これらの特例措置を受けることができる場合には、そのメリットは多々あり、特に、税務上の取扱いとして国税庁から「産業活力再生特別措置法において債権放棄を含む計画が認定された場合の資産評価損の計上に係る税務上の取扱いについて」、「特定認証紛争解決手続に従って策定された事業再生計画により債権放棄等が行われた場合の税務上の取扱いについて」（これらの詳細については下記3(4)で述べる。）などの文書回答も公表されており、その利用価値は高い。

　産活法においては、中小企業承継事業再生計画、事業再構築計画、経営資源再活用計画、経営資源融合計画、資源生産性革新計画、事業革新新商品生産設備導入計画、資源制約対応製品生産設備導入計画、中小企業経営資源活用計画

の八つの計画類型が定められ、それぞれについて生産性の向上や財務の健全化等の認定基準が定められている。

このうち、事業再構築計画が最もよく利用されている。平成15年改正時から平成23年9月末までに産活法の全体の認定件数369件に対して、事業再構築計画の認定件数はうち285件と、約8割の企業が当計画を活用し、税制メリットや債務保証等の恩恵を受けている。

税制の特例措置としては、増資、合併、不動産取得等の登録免許税の減免、事業譲渡時の不動産取得税の減免、債務免除時の資産評価損（4(3)脚注19参照）等があり、主に事業再生にかかわる三つの計画における適用については以下のとおりとなる。なお、税制特例措置として次表以外に事業革新設備の特別償却があるが、平成23年改正前の産活法の規定に係るものに限られ、改正後は対象とされていない。

	中小企業承継事業再生計画	事業再構築計画（注）	経営資源再活用計画
登録免許税の減免（0.7%→0.35%等）	○	○	○
債権放棄時の資産評価損の損金算入	×（譲渡損）	○	○
事業譲渡時・一定の資産譲渡の不動産取得税の減免（3%→2.5%）	○	×	×

（注）平成23年の産活法改正により、事業再構築計画の増資に係る登録免許税の減免の対象は合併・分割等の企業の組織再編を伴う計画に限定された。

また、事業再生計画期間に利用できる計画実施のための資金の借入等に係る債務保証（産活法24）があり、債務保証を含む計画は、平成21年6月の制度制定時から平成23年9月末までに14件利用され、一時的な資金繰り不足に陥っている会社や、抜本的な事業再生を行った後の企業への前向きな資金調達手段として期待される。

中小企業承継事業再生計画では、上記税制措置により、第二会社に事業を移す場合の取引コストを減額する以外に、第一会社から第二会社への許認可の移転を円滑に行う手当を行っている。

さらに、各種計画の中で債権放棄を受けること等の一定の要件を満たす場合には、上述の国税庁からの文書回答により、資産の評価損の損金算入が可能となる。

　債権放棄を含む計画について認定を受ける際には、公認会計士・監査法人の報告書が申請時に必要とされているなど、公認会計士・監査法人の関与は必須と思われる。また、債権者との調整や、事業計画の中で組織再編を行うことが多いと考えられるため、弁護士への相談も必要と思われる。

　これ以外に、産活法の中では、事業再生のための制度が用意されている。

① 　中小企業再生支援協議会の設置
② 　事業再生ADR（裁判外紛争解決手続）による企業の再生支援

　どちらの再生制度においても、事業再生計画の立案、合意までの資金繰り不足を解消するため、独立行政法人中小企業基盤整備機構による債務保証制度が設けられており、中小企業再生支援協議会や事業再生ADRによる手続期間中のDIPファイナンスに係る保証（産活法50）が用意されている。

2　予納金が充当される費用の範囲は「申立て後開始決定前及び開始決定に伴って必要になる費用」であり、開始決定後に発生する手続費用は発生の都度共益債権として支払われるべきものとされている。当初予納金で賄い切れない場合には、追加予納の可能性もないわけではない。

　費用の範囲は、具体的には以下のとおり。
① 　開始決定の公告及び通知の費用
② 　代表者の尋問の費用
③ 　その他の開始要件の判断に要する審理のための費用
④ 　保全処分の公告・送達・通知の費用
⑤ 　保全管理人や調査委員の機関の報酬等
　（最高裁判所事務総局民事局監修「条解会社更生規則」（財団法人法曹界）15条関係57頁）他の法的整理に係る予納金も概ね同様と思われる。民再法24・民事再生規則16、特別清算：会社法88、同514、破産法22、破産規則18参照。

3 制度的拡充が進む私的整理

　法的整理を選択する場合には、原則として商取引債権と金融債権のいずれもが権利変更の対象とされるため、債務者の取引先からの信用を失うなどにより事業価値が毀損され、その後の事業再建に支障が生ずる可能性がある。その点、私的整理の場合には共通して下記のような特徴があるため、法的整理に比べ事業価値の毀損の度合が少なくなり得る。

① 　商取引債権者をその手続に巻き込まず、金融債権者による債務の減免・支払猶予などを行う手続であるため、債務者の取引先に対する信用毀損を避けることができる。
② 　法的整理については多くの銀行取引約款上は期限の利益の当然喪失事由に該当するのに対し、私的整理手続については法的整理とは異なり、通常は銀行取引約款上の期限の利益の当然喪失事由に該当しない。
③ 　法的整理では官報のほか新聞等で公表されるが、私的整理ではその手続が非公開で行われるため法的整理に比し風評リスクが小さい。

　ただし、上記③に関しては、上場企業やパブリックセクターの出資する会社等で開示の対象となる場合など他の規制により開示が必要となることがある。例えば、東京証券取引所の規則に基づく適時情報開示の場合、私的整理の場合においても債務免除等の金融支援を受ける場合で、以下のイ、ロのいずれかに該当する場合（東京証券取引所有価証券上場規程402二m、同施行規則402七）には開示を要するほか、事業の全部又は一部の譲渡又は譲受けを行う場合（同有価証券上場規程402一m、同施行規則401二）、増減資を行う場合（同有価証券上場規程402一a、同施行規則401一、同有価証券上場規程402一c）等で一定

の要件に該当する場合や当該私的整理が会社の運営、業務、若しくは財産又は上場株券等に関する重要な事項に当たる場合（同有価証券上場規程402二x）には情報開示が必要となる[3]。

- イ．債務免除等の金融支援の額（返済期限の延長にあっては当該債務の額）が、最近に終了した事業年度の末日における債務の総額の10％に相当する額以上
- ロ．債務免除等の金融支援による経常利益又は当期純利益の増加見込額が、最近に終了した事業年度の経常利益又は当期純利益の30％に相当する額以上

また、私的整理では、再生計画の成立にはあくまでも金融債権者の全員一致が原則となるなど、法的整理に比し高いハードルが設定されているという側面もある。

したがって、債務者にとっては、私的整理を選択できる場面において、法的整理を選択した場合の事業価値の毀損などを考慮し、はじめに私的整理を検討し、資金繰り等財務状況から比較的少数の金融債権者や大口債権者のみの支援では解決しない（全員合意が困難）場合や私的整理をいったん選択し、それが不調な場合に法的整理を選択・移行する方が適切なケースも多い。よって、早期の判断が奏功することになる。いずれにせよ、債権者側から見た場合には選択した私的整理による回収額が法的整理より多くならなければ経済合理性に欠けることになる。

事業再生税制についてみると、従来は税制の利用が可能な一定の私的整理であっても法的整理手続に比し税務上の取扱いが制約されて不利となるなどの問題点があった。この税務上の問題点については、平成17年度税制改正（付録2(1)参照）によって、一定の要件を満たす債務処理計画（法令24の2、付録2(3)参照）に基づく私的整理については、それまでは主に法的整理でしか認められなかった資産の評価損益及び期限切れ欠損金の優先控除の利用ができることと

なったことにより、法的整理とほとんど差がなくなっている。

ここでは、私的整理のうち税務上の利用価値が高い一定の要件を満たす「債務処理計画」（付録2(3)参照）の類型として以下の手続について概説し、後記4(3)でその税務上の取扱いについて詳述することとする。なお、以下の各手続のうち(1)～(3)には、厳格な手続である一定の要件を満たす債務処理計画に該当しない手続の進め方も残されている。

以下で述べる手続のうち、(1)私的整理に関するガイドライン及び(4)事業再生ADR（裁判外紛争解決手続）は比較的規模の大きな会社についての再生を前提としたものであり、(2)RCC企業再生スキームは、元々広く企業の再生を前提としたものであったが、近年ではその対象企業の規模は比較的小さくなっているとのことである。(3)中小企業再生支援協議会の支援による再生は、中小企業の再生を前提としたものである。さらに平成21年10月に業務を開始した(5)企業再生支援機構による企業再生は、地方三公社（地方住宅供給公社、地方道路公社及び土地開発公社）及び、国又は地方公共団体が四分の一以上出資している法人、あるいはその経営を実質的に支配している法人、これら以外の法人をその支援対象としている（機構法25①）。なお支援実績を見ても、事業規模や業種等は関係ないことが分かる。ちなみに(1)については、最近ではその適用例が少なくなってきているといわれている。

（1）私的整理に関するガイドライン

平成13年4月に発表された緊急経済対策の中で「企業の再建の円滑化」が掲げられ、そのためには経営困難な企業の再建・それに伴う債権放棄に関する原則の確立が必要とされ、平成13年6月に私的整理に関するガイドライン研究会が発足している。

私的整理に関するガイドライン研究会は、全国銀行協会、全国地方銀行協会、第二地方銀行協会、全国信用金庫協会、全国信用組合中央協会、経済団体連合会等がメンバーとなり、各省庁がオブザーバーとして参加した。

その後、平成13年9月に同研究会により、私的整理に関するガイドライン（以

下「私的整理ガイドライン」という。）が公表[4]され、その後平成17年度の再生税制（付録２(1)参照）の改正を受けて、新税制の適用対象となるように資産負債の評価基準を定める等の改正が行われているため、改正後は厳格な資産評定等を織り込んだガイドラインとなった。ただし、改正後においても、実務上平成17年度改正税制の適用を受けない場合には資産評定等の厳格な要件までは適用せずに進める方法もある（「合理的資産整理」に該当。「債務処理計画」との違いについては付録２(3)参照）。なお、ガイドラインについては全体的な適用要件の厳格さから、一般的には中小企業よりも大きめの企業に適した制度と考えられる。

私的整理ガイドライン手続に基づき一時停止を行う場合には、債務者会社がまず主要債権者（メインバンク）を特定し、債務者会社とメインバンクとが連名で対象債権者全員に対し一時停止の通知を行う（当該一時停止通知を行うことを「ステイ手続」という。）こととなるが、実態としてはメインバンクが債務者の事業再生の方法を検討する中で私的整理ガイドラインを選択するというケースが多いようである。

なお、メインバンクを特定する結果としていわゆるメイン寄せ（金融支援においてメインバンク責任等からメインバンクの負担が他の金融債権者よりも重くなる傾向をいう。）が起こりやすくなり、メインバンクが敬遠する可能性があるという懸念もある。

私的整理ガイドラインの適用を受ける場合にはメインバンクとの協議を経て、当該メインバンクも参加して再建計画案を策定する必要がある。財務内容等の調査結果を踏まえて金融支援等計画の内容について弁護士に相談することになると思われるので、実態貸借対照表を作成する必要があるなど、計画策定過程における公認会計士の補助は不可欠と思われる。

なお、平成23年７月、東日本大震災の被災者（個人）の二重ローン問題へ対処するため、金融機関団体の関係者等、学識経験者等が個人債務者の私的整理に関するガイドライン研究会を発足し、同研究会から「個人債務者の私的整理に関するガイドライン」が公表された。

3．制度的拡充が進む私的整理

　本ガイドラインは、個人債務者及び個人事業主を対象としており、比較的規模の大きな企業の再生を想定して策定された私的整理ガイドライン（平成13年9月公表）をベースにしながらも、手続等を簡素化し、個人及び個人事業者の迅速再生に資することを目指しているが、中小企業はその対象となっていない。

　また本ガイドラインは、震災被災者が法的倒産手続によらず、債権者との合意に基づき債務整理を公正かつ迅速に行うことにより、債務者の自助努力による生活や事業の再建を支援することを目的としており、東日本大震災で生活基盤や事業基盤への影響を受けた個人及び個人事業者がその対象となっている。

（2）RCC企業再生スキーム

　RCCは、旧住宅金融専門会社各社及び破綻金融機関の不良債権回収業務、並びに金融機能の再生のための緊急措置に関する法律（以下「金融再生法」という。）第53条に基づく健全金融機関からの不良債権の買取り及びその回収業務に加え、平成13年11月からは社内に企業再生本部を設置し、企業再生業務を行っている。

　RCCへの案件の相談は、基本的には債権者である金融機関からRCCへの相談によっており、債務者企業からの直接の相談は不可能と思われる。なお、金融再生法第53条に基づくRCCによる債権買取によってRCCがメインバンクとして企業再生を行う機能は、平成17年3月末に債権の買取申込が終了したためなくなっているが、現在でも調整型の企業再生業務は継続しており、再生計画の検証と債権者調整の役割を担うことにより企業再生の支援を行っている。また、地域金融機関等の要請を受け、企業再生計画を策定支援するという事例や、一行取引や単独行放棄の場合等でも平成17年度税制を活用したいという場合には検討し得る。これは、RCC単独の債権放棄でも適用要件（法令24の2①四、同五）を満たし、さらに、法人税法上の受益者等課税信託[5]であっても受託者としての債務免除も要件を満たす（法則8の6①三）ため、RCCが受託者となる金外信託[6]等で債権を買取り後、債務免除等を行う方法である（後記6(6)参照）。

RCC企業再生スキームの流れは、下図となるので参考にされたい。相談に至る手続が公開されるわけではないので限定的だが、一種の風評リスク（RCC企業再生スキームで原則公表。会社への影響がある場合は非公表のスタンス）はあるものの、中小企業においても活用できる制度と考えられる。

　なお、平成23年9月12日に、RCCから「RCC企業再生スキーム」の改定版が公表されており、その概要は以下のとおり。

【平成23年9月に公表されたRCC企業再生スキームの主な改定概要】

改定点	改定内容
①RCC等公的機関等が関与する私的整理手続において、「これら公的機関又は第三者の調査結果で会社が債務超過であることを示す書面」をもって、「残余財産が無いと見込まれることを証明する書類」とみなせることになったため、確定申告に添付する書類の交付手続を追加した。	①平成22年度税制改正により、法人が解散した際に残余財産が無いと見込まれる場合は、期限切れ欠損金を適用事業年度の所得金額の範囲内で損金算入することになった。この際に確定申告書に添付することが求められる「残余財産が無いと見込まれることを証明する書類」として、RCC企業再生スキームの中で求められている「公的機関又は第三者の調査結果で会社が債務超過であることを示す書面」が認められることになった。
②従来から認められている「他の金融債権者の同意を得るための調整」につき、RCCに委託できる者の対象範囲を拡大した。	②従来、RCCに調整を委託できる金融債権者は主要債権者の一人である金融機関に限定されていたが、地方公共団体等も含められることになった。
③「再生計画における「資産・負債の評定基準」（別紙5）」の改定	③法的手続や私的整理手続における資産評定基準との整合性を図り、また債務者の再生可能性の判断と債権者の経済合理性とを公正かつ適正な資産・負債評定のもとで行うという目的のため、評定基準を見直している。具体的には各項目に共通する基本的な原則を記載することにより、個別に規定のない資産項目等の評価基準につき明確にするとともに、各資産・負債の評定につき、より詳細な基準を示している。

なお、上記以外に、債務の消滅により利益が生じる場合として、債務免除に加え、債務の株式化（DES）等が加えられている（出典：国税庁への照会文書「「RCC企業再生スキーム」に基づき策定された再生計画により債権放棄等が行われた場合の税務上の取扱いについて（照会）」（平成23年9月15日・株式会社整理回収機構）の「RCC企業再生スキーム」）。

RCC企業再生スキームの流れ（案件相談から計画合意まで）

```
案件相談持込 ← 主力金融機関 ⇒ 再生対象企業
                                    ↓
                            [デューデリ実施①②③]
                            [コンサルタント会社等による再生計画案の策定④]
                                    ↓ 事前協議
                            RCCへの提出
                                    ↓
  ［プロによる徹底的な詰め］
  ・銀行
  ・コンサル会社
  ・公認会計士、税理士
  ・弁護士
  ・調査会社　他
                                    ↓
  〈RCCによる検討〉
  ［案件検討会］RCCアドバイザー参加
  【評価基準適正検証】
                                    ↓
  企業再生検討委員会　[計画着手の付議]
                                    ↓
  個別業務委託契約締結
                                    ↓
  第１回債権者説明会
  ・再生計画の原案提示
  ・一時停止のお願い
                                    → ケースにより国税局へ事前照会
                                    ↓
  〈RCCによる債権者間の調整〉
  ・数回の債権者説明会
  ・質疑応答と債権者の説得
  ・最終再生計画案を策定
                                    ↓
  企業再生検討委員会　[最終計画の承認]
  必要に応じ検討委員会には複数回諮問
                                    ↓
  最終計画説明会
                                    ↓
  計画合意
                                    ↓
  必要に応じ… 金外信託による債権買取
  ⇓
  再生計画に従い債権放棄
                                    ↓
  主力金融機関リファイナンス
                                    ↓
  → 資産計価税制適用・確認書提出状
                                    ↓
  国税局へ終了報告
```

専門家への依頼
①監査法人・公認会計士・税理士等専門家のデューデリ
②不動産鑑定士による不動産の時価評価
③公正かつ適正な評価による「実態貸借対照表」の作成
④コンサルタント・アドバイザリー等による再生計画の策定

(出典：株式会社整理回収機構)

（3）中小企業再生支援協議会の支援による再生

　中小企業再生支援協議会（以下「協議会」という。）は、産活法第42条に基づき、各都道府県の認定支援機関（商工会議所、中小企業支援センター等）に設置された公正中立な公的機関であり、各地で中小企業者[7]の再生計画の策定支援を行う等の活動を行っている。

　支援対象については、「平成23年度　中小企業庁支援策のご案内」に、以下のような状況に陥った事業再生意欲を持つ中小企業が例示されている。

① 　事業自体は円滑に行われているが、過去の投資等による借入金の返済負担等で、資金繰りが悪化している場合
② 　事業存続の見通しはあるものの、事業の見直しや金融機関との調整が必要となっている場合

　中小企業庁は、協議会の機能強化や地域間でのレベル格差を解消することを目的に、各協議会の事業実施における統一的ルールとして、平成20年4月に「中小企業再生支援協議会事業実施基本要領」、平成21年4月に「同Q&A」を策定し、公表している。これらに基づく事業再生手続は「中小企業再生支援協議会スキーム」と呼ばれているが、平成17年度税制の対象となる手続とは異なるものである。（「中小企業再生支援協議会事業実施基本要領」Q&AのQ5～Q7「合理的資産整理」に該当。付録2(3)参照）

　また、平成20年4月において、協議会の強化の一環として、案件処理の手続・基準の統一化等が図られ、財務を中心としたデューデリジェンス報告書の雛形が公表された。このことは実務において大きな影響を与えたものと考えられる。

　なお、上述したように平成17年度税制改正の適用を受けるには、「中小企業再生支援協議会スキーム」とは異なる「中小企業再生支援協議会の支援による再生計画の策定手順（再生計画検討委員会が再生計画案の調査・報告を行う場合）」（平成17年6月21日、経済産業省　中小企業庁）に従う必要がある。（付

録2(3)参照)。

　なお「中小企業再生支援協議会の支援による再生計画の策定手順（再生計画検討委員会が再生計画案の調査・報告を行う場合）」による場合には、私的整理ガイドラインと同様に一時停止通知がなされるが、通常の「中小企業再生支援協議会スキーム」では一時停止通知はなされず、債権者に対して統括責任者と債務者連名で「返済猶予の要請」を行う場合があるにすぎない（同Q&A Q21）。また、再生計画検討委員会の設置や「実態貸借対照表策定のための評価基準」に基づいた資産評定など、より厳格な手続が要求されている点に違いがある。平成17年度税制（評価損益税制）の適用を受けるか否かによる再生支援の手続を比較してまとめると（表1）のとおりである。

（表1）

	(1)評価損益税制の適用を受けない場合	(2)評価損益税制の適用を受ける場合
再生支援の手続	中小企業再生支援協議会事業実施基本要領に基づく「中小企業再生支援協議会スキーム」	中小企業庁が別に定めた「中小企業再生支援協議会の支援による再生計画の策定手順（再生計画検討委員会が再生計画案の調査・報告を行う場合）」
手続の流れ	（図1）参照	（図2）参照
金融支援の方法（例）	・金融機関による条件変更（リスケジュール） ・第二会社方式（図3） ・DDS（Debt Debt Swap）協議会版資本的借入金 ・物損等（法法33②　法令68）＋期限切れ欠損金劣後利用等、右(2)評価損益税制の適用を受ける場合以外の金融支援の方法	・平成17年税制改正適用（資産評価損・期限切れ欠損金の優先控除利用スキーム） 　債務免除を含む再生計画の策定を支援する場合であって、協議会の再生計画検討委員会が再生計画案の調査・報告を行う場合（中小企業再生支援協議会事業実施基本要領Q&A　Q7）。

3．制度的拡充が進む私的整理

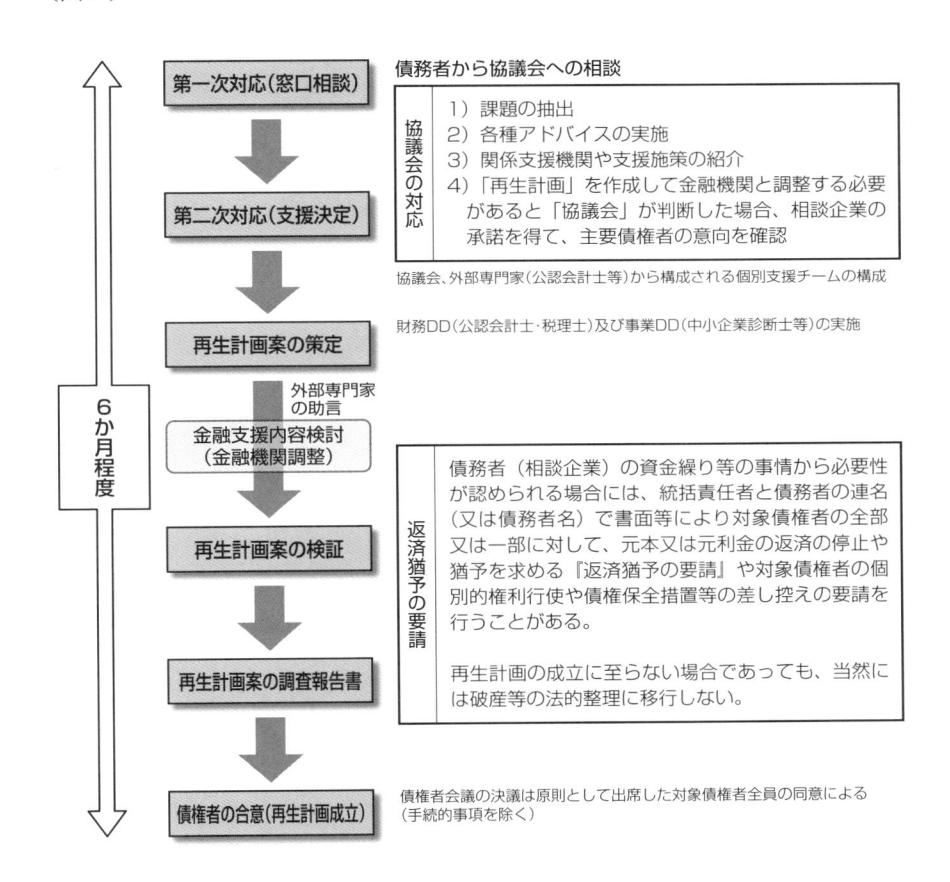

(図１)

```
                                    債務者から協議会への相談

 第一次対応(窓口相談)        協 1) 課題の抽出
        ↓                   議 2) 各種アドバイスの実施
 第二次対応(支援決定)        会 3) 関係支援機関や支援施策の紹介
        ↓                   の 4)「再生計画」を作成して金融機関と調整する必要
                             対    があると「協議会」が判断した場合、相談企業の
 再生計画案の策定            応    承諾を得て、主要債権者の意向を確認
        ↓
                              協議会、外部専門家(公認会計士等)から構成される個別支援チームの構成
        外部専門家
          の助言              財務DD(公認会計士・税理士)及び事業DD(中小企業診断士等)の実施
 金融支援内容検討
 (金融機関調整)
        ↓                       債務者(相談企業)の資金繰り等の事情から必要性
                            返  が認められる場合には、統括責任者と債務者の連名
 再生計画案の検証           済  (又は債務者名)で書面等により対象債権者の全部
        ↓                   猶  又は一部に対して、元本又は元利金の返済の停止や
                            予  猶予を求める『返済猶予の要請』や対象債権者の個
                            の  別的権利行使や債権保全措置等の差し控えの要請を
 再生計画案の調査報告書     要  行うことがある。
        ↓                   請
                                再生計画の成立に至らない場合であっても、当然に
                                には破産等の法的整理に移行しない。
 債権者の合意(再生計画成立)
                              債権者会議の決議は原則として出席した対象債権者全員の同意による
                              (手続的事項を除く)
```

(全体の期間：6か月程度)

(図2)

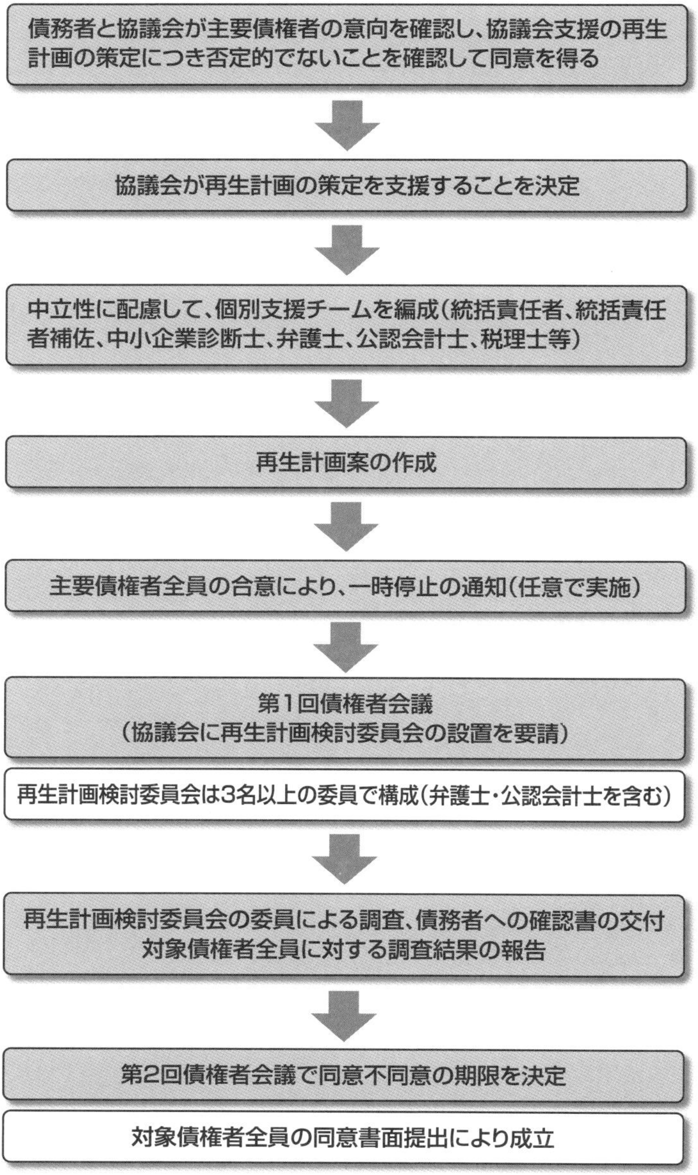

```
┌─────────────────────────────────────────────────────────┐
│ 債務者と協議会が主要債権者の意向を確認し、協議会支援の再生 │
│ 計画の策定につき否定的でないことを確認して同意を得る     │
└─────────────────────────────────────────────────────────┘
                            ▼
┌─────────────────────────────────────────────────────────┐
│        協議会が再生計画の策定を支援することを決定        │
└─────────────────────────────────────────────────────────┘
                            ▼
┌─────────────────────────────────────────────────────────┐
│ 中立性に配慮して、個別支援チームを編成(統括責任者、統括責任 │
│ 者補佐、中小企業診断士、弁護士、公認会計士、税理士等)    │
└─────────────────────────────────────────────────────────┘
                            ▼
┌─────────────────────────────────────────────────────────┐
│                    再生計画案の作成                     │
└─────────────────────────────────────────────────────────┘
                            ▼
┌─────────────────────────────────────────────────────────┐
│      主要債権者全員の合意により、一時停止の通知(任意で実施) │
└─────────────────────────────────────────────────────────┘
                            ▼
┌─────────────────────────────────────────────────────────┐
│                   第1回債権者会議                       │
│          (協議会に再生計画検討委員会の設置を要請)         │
└─────────────────────────────────────────────────────────┘
┌─────────────────────────────────────────────────────────┐
│ 再生計画検討委員会は3名以上の委員で構成(弁護士・公認会計士を含む) │
└─────────────────────────────────────────────────────────┘
                            ▼
┌─────────────────────────────────────────────────────────┐
│ 再生計画検討委員会の委員による調査、債務者への確認書の交付 │
│         対象債権者全員に対する調査結果の報告             │
└─────────────────────────────────────────────────────────┘
                            ▼
┌─────────────────────────────────────────────────────────┐
│       第2回債権者会議で同意不同意の期限を決定           │
└─────────────────────────────────────────────────────────┘
┌─────────────────────────────────────────────────────────┐
│         対象債権者全員の同意書面提出により成立           │
└─────────────────────────────────────────────────────────┘
```

3．制度的拡充が進む私的整理

　さらに、平成21年度より第二会社方式（中小企業承継事業再生計画）（(6)参照）の利用が認められており、（表2）のとおり、利用できる金融支援手法は多岐にわたっており、窮境原因に適合した金融支援の手法が選択可能となっている。以下では、（表2）を基に、主な金融支援の方法について解説を加える。

（表2）

金融支援	累積		今回公表分 平成23年1月～3月	
	企業数	割合	企業数	割合
債務免除の実施	592	20.1%	10	10.6%
・直接放棄	279	9.5%	2	2.1%
・譲渡・分割による第二会社方式	313	10.6%	8	8.5%
金融機関、取引先からの借入金の株式化（DES）	55	1.9%	0	0.0%
金融機関による借入金の資本的劣後ローン（DDS：早期経営改善特例型）	182	6.2%	3	3.2%
協議会版資本的借入金（DDS2：準資本型）	35	1.2%	3	3.2%
金融機関による条件変更（リスケジュール）	2,061	70.0%	86	91.5%
平成17年税制改正適用（評価損益税制）	31	1.1%	0	0.0%
RCCや債務管理会社からの卒業	169	5.7%	2	2.1%
ファンド活用	140	4.8%	0	0.0%
完了案件総数	2,945		94	

（注）上記手法を複数実施している案件があるため、支援方法の合計と完了案件総数は一致しない。
（出典：独立行政法人中小企業基盤整備機構「中小企業再生支援協議会の活動状況について」に一部加筆）

　（表2）を見ると、付録2(2)に記載のとおり、平成17年度税制の適用事例が少ないことが分かる。一方で、債務免除を実施する際には、スポンサーからの資金支援や第二会社への金融機関からの新規融資を得やすいなど、企業が継続していく上で、直接放棄以上の効果が期待できる第二会社方式（（図3）参照）が利用されていることが分かる。

　また、最近では、リスケジュールでは事業再生が困難ではあるが、債務免除を行うと納税が発生するなどの理由で債務免除を実施できないケースでは、中間的な手法として資本的劣後ローン（以下「DDS」という。）が利用されてい

る。債務免除と比較すると金融機関の負担が軽減されるとともに、DDSには平成16年2月創設の早期経営改善特例型と平成20年10月創設の准資本型があり、准資本型については適用金利の上限が制限されるため、債務者企業にとっても効果的な手法であると考える（（図4）及び（表3）参照）。

（図3）

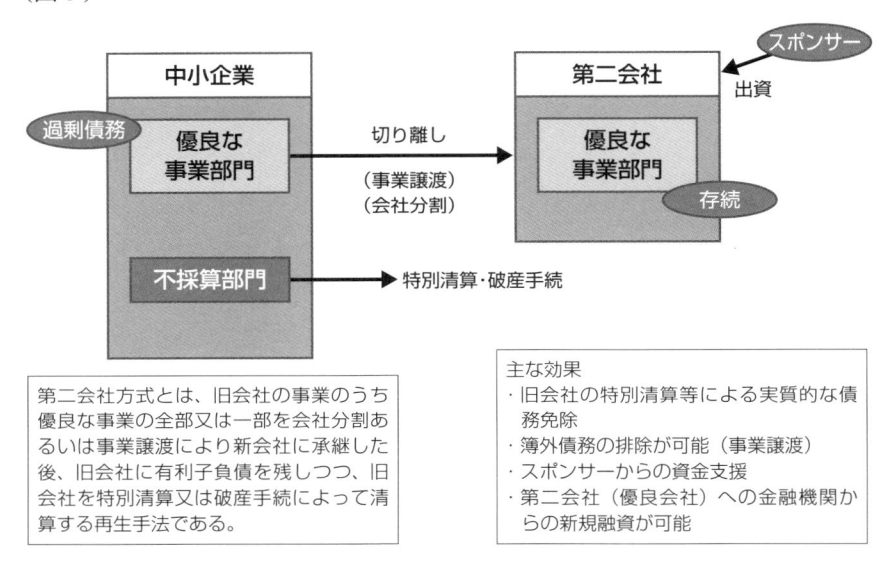

第二会社方式とは、旧会社の事業のうち優良な事業の全部又は一部を会社分割あるいは事業譲渡により新会社に承継した後、旧会社に有利子負債を残しつつ、旧会社を特別清算又は破産手続によって清算する再生手法である。

主な効果
・旧会社の特別清算等による実質的な債務免除
・簿外債務の排除が可能（事業譲渡）
・スポンサーからの資金支援
・第二会社（優良会社）への金融機関からの新規融資が可能

(出典：「平成22年度　中小企業庁支援策のご案内」に一部加筆)

3．制度的拡充が進む私的整理

（図４）

金融検査マニュアル別冊の改訂（平成16年２月）	資本的劣後ローン（早期経営改善特例型）	中小・零細企業向け要注意先債権（要管理先債権含む） 実現可能性が高い経営改善計画を策定 関係者間での合意がなされている 返済は全ての債権完済後に開始 デフォルトが生じた場合、請求権は他の全ての債権弁済後に生じる 債務者の財務状況の開示及びキャッシュフローに対して一定の関与ができる 期限の利益を喪失した場合には、全ての債務について、期限の利益を喪失する

平成16年11月2日「銀行等金融機関の保有する貸出債権が基本的劣後ローンに転換された場合の会計処理に関する監査上の取り扱い」（JICPA業種別委員会報告第32号）
貸倒引当金について①発生損失見込み額に加えて、②市場性のない株式・種類株式に準ずる評価も認める。

金融検査マニュアル別冊の改訂（平成20年10月）	資本的劣後ローン（准資本型）	債務者区分を問わない 償還期間が長期であることや金利が業績連動型であること等資本に近い性質

金融検査マニュアルに関するよくあるご質問（FAQ）（平成23年11月22日改訂）
２．また、中小企業再生支援協議会版「資本的借入金」についても、①償還条件が、15年の期限一括償還であり、「長期間償還不要な状態」である、②赤字の場合には利子負担がほとんど生じないなど、「配当可能利益に応じた金利設定」である、③劣後ローンであり、「法的破綻時の劣後性」が確保されている、という商品設計であり、資本に準じた内容となっています（「資本的借入金」の概要については別紙2参照）。
３．したがって、両制度に係る借入金については、「十分な資本的性質が認められる借入金」とみなして差し支えありません。
（注１）「十分な資本的性質が認められる借入金」については、原則として、「長期間償還不要な状態」、「配当可能利益に応じた金利設定」、「法的破綻時の劣後性」といった条件が確保されていれば、上記の借入金と同様の商品設計に限定される訳ではありません。
（注２）上記の両制度も含め、「十分な資本的性質が認められる借入金」とみなすことが可能な関係省庁等の施策の代表例については、別紙3を参照してください。

（別紙３）
「十分な資本的性質が認められる借入金」とみなすことが可能な関係省庁等の施策の代表例

制度名	関係省庁等
挑戦支援資本強化特例制度 （日本政策金融公庫）	経済産業省
中小企業再生支援協議会版「資本的借入金」	経済産業省
災害対応型劣後ローン	経済産業省
岩手産業復興機構による既往債権の買取制度	経済産業省
危機対応業務による資本的劣後ローン （商工中金等）	経済産業省、財務省

（表３）

	早期経営改善特例型	協議会版資本的借入金（准資本型）
適用対象債務者区分	要注意先（要管理先を含む）	すべての債務者区分
適用金利	制限なし	・年0.4％程度 ・当初５年間は固定
償還条件	・他の債務完済後 ・財務内容に問題がなければ早期償還可能	・15年一括償還 ・原則、当初10年間は期限前弁済禁止
当該債権の取扱い	・貸出条件緩和債権 ・適用金利が要件を満たせば、貸出条件緩和債権には該当しない	同左
適用後債務者区分 （金融検査マニュアル：自己査定（別表１）１．(3)②備考参照）	要管理債権のすべてが資本的劣後ローンの場合には要管理先に該当しない。	同左
貸倒引当金 （金融検査マニュアル：償却・引当（別表２）１．備考参照）	業種別委員会報告第32号「銀行等金融機関の保有する貸出債権が資本的劣後ローンに転換された場合の会計処理に関する監査上の取扱い」（平成16年11月２日　日本公認会計士協会）	例えば時価を把握することが極めて困難と認められる株式の評価方法を踏まえて算出する際、会計ルールに基づいて適切に引当てる。
適用例	①貸出条件の緩和による要管理債務者の債務者区分の向上	①債権放棄案件において、下位行の債権放棄の代替とする。 ②債務免除では納税が発生してしまう場合 ③多額の債務超過を主要因として破綻懸念先とされている債務者の債務超過解消を図る。

（参考：金融検査マニュアルに関するよくあるご質問（FAQ）（平成23年11月22日改訂））

　ここまでで、協議会の支援対象、再生支援の手続、金融支援の方法を見てきたが、その他、協議会の特徴的な点は、他の手続ではデューデリジェンス実費を含む実施費用は債務者企業負担であるのに対して、協議会を利用する手続ではデューデリジェンス費用の一部を補助する制度がある等、費用面において優れている。一方で、協議会には資金供給機能がないため、資金繰りが逼迫している場合には支援ができない場合がある。

　協議会利用者の多くは、メインバンクから協議会への相談を促されるケースであるが、企業が自ら相談することも可能である。（図１）に記載の窓口相談

が常時開設されているが、電話予約した上で訪問することで、相談に必要な書類に不足が生じず、有効かつ効率的に助言を受けることができる。

　各都道府県の協議会の連絡先は、独立行政法人中小企業基盤整備機構のウェブサイトで参照できる。

　http://www.smrj.go.jp/keiei/saiseishien/contact/index.html

（4）事業再生ADR（裁判外紛争解決手続）

　ADRとは、訴訟や法的倒産手続のように裁判所による強制力を持った紛争解決の手続を利用することなく、当事者間の話合いをベースとして紛争を解決しようとする手続の総称であり、ADR法（裁判外紛争解決手続の利用の促進に関する法律）の施行により民間の事業者が法務大臣の認証を受けてADR事業を行えるようになった。これを受けて、平成19年6月の産活法の改正によって、ADRを事業再生に活用する場合の取扱いが定められ、経済産業大臣の認定を受けたADR事業者は事業再生に関する紛争を取り扱うことができることとなった。この経済産業省の認定を受けた事業再生に係るADR事業者により私的整理の促進を図る制度が事業再生ADRと呼ばれている。

　事業再生に関するADR手続に当たっての相談先は、先述した経済産業大臣の認定を受けたADR事業者となるが、平成23年7月末現在、経済産業大臣の認定を受けた事業再生に関するADR事業者は事業再生実務家協会（Japanese Association of Turnaround Professionals：以下「JATP」という。）のみとなっている。JATPでは、手続期間として申請後3か月を予定しており、その前に手続申請書を作成して仮受理される。正式受理の前には再生計画案が完成していることを予定している。事業再生ADRでは、債権放棄を伴う計画である場合には、資産評定基準による貸借対照表の作成を要する（産活法48①、経済産業省令第53号14①一）。資産評定基準は、平成20年11月20日に公示された「経済産業省告示第257号」で定められている。そこで、少なくとも債権放棄を伴う場合にはこれに基づいて損益計画、弁済計画が作成されていることが必要である。

また、事業再生ADRの場合にも[8]手続開始時から終了時までの期間におけるつなぎ緊急融資（プレDIPファイナンス　産活法52、経済産業省令第53号17）のため、融資額の２分の１かつ最高５億円までの中小企業基盤整備機構の事業再生円滑化関連保証[9]（産活法50）及び２億8,000万円を限度とする信用保証協会による事業再生円滑化関連保証（産活法51、経済産業省令第53号16）を受けることができることとされているが一定の審査期間を要する。

　以上により、申請の正式受理、一時停止手続やプレDIPファイナンスに至るまでには、数か月を要することから、申請時までに再建計画案につきメインバンクの同意を得ておく必要がある。一時停止手続を行う場合には、私的整理ガイドラインのようにメインバンクとの連名ではなく、債務者及び事業再生ADR事業者のみで行えることから、メイン寄せのおそれが少なくなるという効果もあるが、実務的には申請前に再建計画の内容にメインバンクの基本的同意を取り付けるなどその協力が不可欠なことが多い。また、自主再建が困難な場合には、再生計画案の成立を停止条件とするスポンサー契約を早めに締結することが薦められている[10]。

　しかしながら、事業再生計画案が債権放棄を伴う場合には、いわゆる税務上の二行三人要件（内容は後記４(3)を参照）を充足する必要があり、手続実施者を三人以上選任しなければならず、その手続実施者の中には監督委員又は管財人の経験を有する者及び公認会計士がそれぞれ一人以上含まれなければならない（経済産業省令第53号９③）、とされている点から、制度設計当初は中小企業より大きめの企業に適した制度設計と考えられていたが、後記のとおり、平成23年７月に経済産業省令第53号・経済産業省告示第29号の一部が改正され、条件付きで手続実施者が三人以上から、二人以上に緩和され、中小企業の再生にも活用されるよう配慮が加えられた。

　本制度の利用状況を見てみると、平成21年３月末頃から利用例が出始め、平成21年９月には上場会社で債務免除を受ける事例もあったが、平成23年３月末現在、取扱件数は27件、取下件数は４件、進行中の案件は１件あり、我が国再生実務における再生手法として定着しつつあるといえる。

3．制度的拡充が進む私的整理

　なお前記のとおり、本制度の利便性を高めるとともに対象を将来的に広げることを目的とし、平成23年7月に一部が改正された経済産業省令第53号・経済産業省告示第29号の改正概要は以下のとおり。

【平成23年7月　経済産業省令第53号・経済産業省告示第29号の主な改正点】

項目	条項	改正点の概要
①手続実施者（補助者）の要件の緩和	省令53号4①	改正前は、手続実施者を補佐する補助者の要件を、2年以上事業再生に携わった経験を有することとされていたが、改正により、事業再生に係る債務者とその債権者との間の権利関係を適切に調整した経験を3件以上有することに変更された。 　これにより、適格者が手続実施者に昇格し易くなり、将来的な制度の広がりが確保されると予想される。
②中小規模企業向け再生対応	省令53号9③	改正前は、事業再生計画案が債権放棄を伴う場合、中小規模案件においても手続実施者を三人以上選任しなければならないとされていたが、改正により、有利子負債額10億円未満の中小規模企業の再生案件に限って、手続実施者の人数要件が「三人以上」から、「二人以上」に緩和された。 　これにより、債権放棄を伴う事業再生計画に必要とされる関与するべき専門家の人数要件を緩和した平成21年度税制改正との整合性が確保されるとともに、コスト的に中小規模企業の再生にも利用し易くなると予想される。
③DIPファイナンスの決議可能な会議の範囲の拡大	省令53号17②	改正前は、債務者企業が事業再生ADR手続に入った後の一時的な必要資金の融資（DIPファイナンス）の決議ができるのは、第1回債権者会議のみとされていたが、改正により第2回以降の債権者会議でも決議できるようになった。 　これにより、事業再生ADR手続に入った後、再生計画案の変更時の再生期間中の資金調達を容易にする等、不測の事態にも柔軟に対応できるようになると予想される。
④適用範囲（対象となる金融機関等の範囲）の拡大	告示29号1一、2③	今回の改正により、2以上の金融機関等の定義に、株式会社日本政策投資銀行、信用保証協会、地方公共団体が新設された。 　これにより、債権放棄を伴う場合に、事業再生ADRが活用されるケースが増加すると予想される。

⑤適用範囲（債権放棄並びにDESを追加）の拡大	告示29号1三、2③	改正前は、債権放棄を伴う計画においては、認証紛争解決事業者が手続実施者に確認を求める事項として、2以上の金融機関により債権放棄が行われている場合とされていたが、改正により、確認を求めるケースとして、債権放棄以外に債務の株式化（DES）が追加された。 　これにより、事業再生ADRを活用する事業再生に係る金融支援の手法が多様化すると予想される。
⑥合意に基づく第二会社方式の明確化	告示29号2④二	改正前の事業再生ADRは、第二会社方式を活用した事業再生計画を想定していなかったため、その取扱も明示されていなかったが、改正により第二会社方式を活用した事業再生計画を利用できることを明確化した。 　これにより、事業再生ADRを活用した再生スキームの柔軟性や多様性が生まれると予想される。

（出所：経済産業省経済産業政策局産業再生課　藤井敏央 著「事業再生ADR制度の省令・告示改正」
　　NBL957（2011.7.15）号（株式会社商事法務）p.78-83　一部加工）

3．制度的拡充が進む私的整理

事業再生ADRの流れ図（イメージ）

【第1ステージ】

事前相談
- 資産査定
- 計画案の概要策定

→ 事業再生のプロによる厳格な審査（再生可能性がない案件は受理しない）

【第2ステージ】

ADR手続き
- 一時停止の通知
- 債権者会議（計画案の説明）
- 債権者会議（計画案の協議）
- 債権者会議（計画案の決議）

→ 手続き開始後のつなぎ融資を公的保証の対象とする制度も用意

→ 事業再生実務家協会が、債務者企業と連名で、債権回収や担保実行の停止を要請

→ 事業再生のプロである手続実施者が、公正中立な立場から、計画案への意見を表明

【第3ステージ】

全債権者の同意が得られた場合
→ 私的整理の成立

→ 事業再生ADRで成立した再生計画については、債務免除等に伴う税負担を軽減する優遇措置が適用される（評価損の損金算入と期限切れ欠損金の優先的利用）

反対する債権者がいた場合
→ 特定調停・法的整理へ移行

→ 特定調停に移行した場合でも、単独裁判官による迅速な処理の道が開かれる

→ 法的整理（民事再生／会社更生）に移行した場合でも、事業再生ADR開始後のつなぎ融資を優先的に取り扱うことが可能

（日本公認会計士協会会報誌　会計・監査ジャーナル2009年2月号（第一法規株式会社）「［座談会］産業活力再生特別措置法（産活法）に基づく事業再生ADR」を基に作成）

(5) 企業再生支援機構

① 概要

　　企業再生支援機構（Enterprise Turnaround Initiative Corporation of Japan：ETIC）は、地域経済の再建を図るため、金融機関や地方公共団体等と連携しつつ、有用な経営資源を有しながら過大な債務を負っている中小企業者その他の事業者に対し、金融機関等が有する債権の買取りその他の業務を通じて、その事業の再生を支援することを目的として、平成21年10月に国の認可法人として設立された株式会社である（機構法1）。原則として、設立から2年以内に支援決定を行い、その後3年以内に支援を完了することを目指して、再生支援を行うことになっている。

　　企業規模や業種、地域は関係なく、有用な経営資源を有しながら過大な債務を負っている事業者であれば支援対象となるが、第三セクター、地方三公社、政府が実質的に支配している法人等は支援対象外とされている（機構法25①）。

　　なお、平成23年3月11日に東日本大震災が発生し、企業再生支援機構の買取期限の延長を望む声も聞かれるが、平成23年7月末現在、買取期限の延長等は決まっていない。

② 機能と効果

　　企業再生支援機構が持つ主な機能と活用した場合の効果としては、次の5つ[11]が挙げられている。

　イ．債権者調整機能

　　公的・中立的な第三者という立場から、各債権者の利害を調整する機能を持つ。

　ロ．投融資機能

　　投資及び融資による支援対象事業者へ資金を提供する機能を持つ。

　ハ．人材派遣機能

支援対象事業者にプロフェッショナルな人材を派遣して、経営指導・助言する機能を持つ。
ニ．税制上の優遇措置（効果）
企業再生支援機構の支援を受けることで、対象債権者及び債務者（支援対象事業者）いずれも、他の法的整理や私的整理とほぼ等しく、税制上の優遇措置を享受できる。なお詳細は後記4(1)(2)(3)参照。
ホ．金融検査上の債務者区分上方遷移（効果）
債権者の金融庁検査において、支援決定された支援対象事業者の債務者区分は上方遷移される。

③ 企業再生支援機構による再生プロセスとその特徴
企業再生支援機構による事業再生業務の流れは以下のとおりである。

企業再生支援機構による事業再生業務の流れ

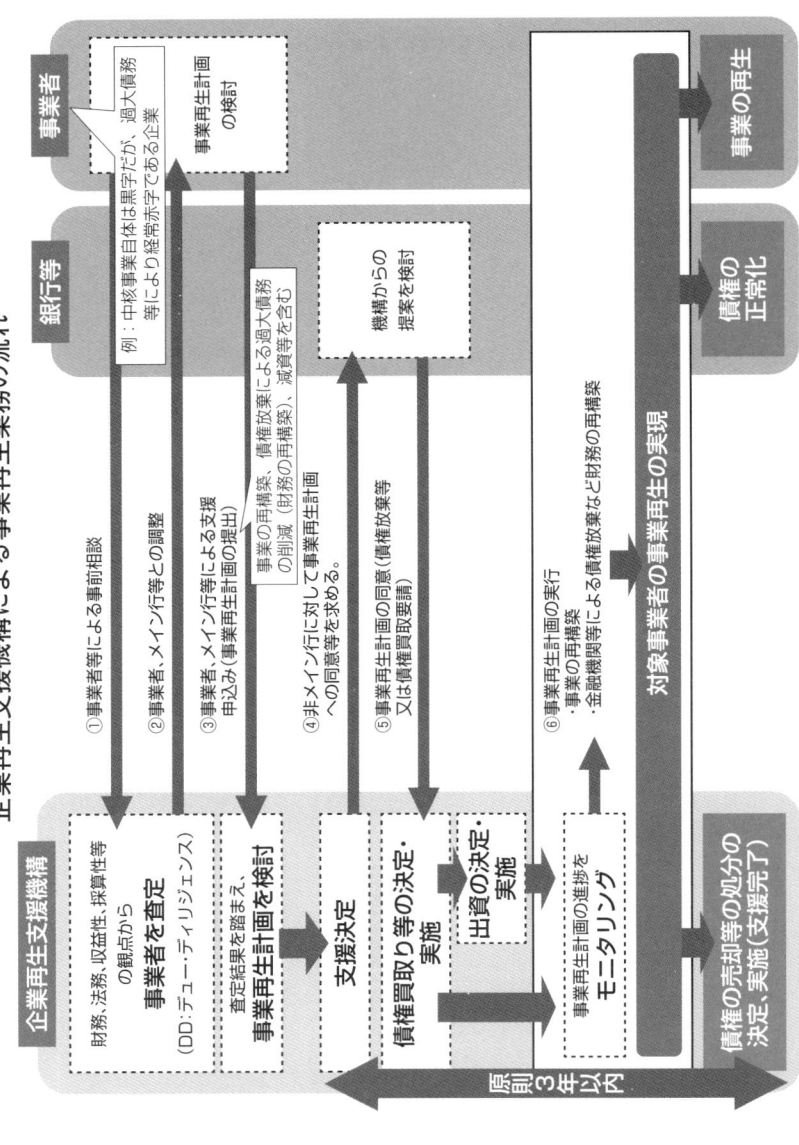

事業者
例：中核事業自体は黒字だが、過大債務等により経常赤字である企業
事業再生計画の検討
→ 事業の再生

銀行等
機構からの提案等を検討
→ 債権の正常化

企業再生支援機構
財務、法務、収益性、採算性等の観点から事業者を査定（DD：デューデリジェンス）
査定結果を踏まえ、事業再生計画を検討
→ 支援決定
→ 債権買取り等の決定・実施
→ 出資の決定・実施
→ 事業再生計画の進捗をモニタリング
→ 債権の売却等の処分の決定・実施（支援完了）

原則3年以内

① 事業者等による事前相談
② 事業者、メイン行等との調整
③ 事業者、メイン行等による支援申込み（事業再生計画の提出）
④ 非メイン行に対して事業再生計画への同意等を求める。
⑤ 事業再生計画の同意（債権放棄等）又は債権買取要請
⑥ 事業再生計画の実行
・事業の再構築
・金融機関等による債権放棄など財務の再構築

対象事業者の事業再生の実現

事業の再構築、債権放棄による過大債務の削減（財務の再構築）、減資等を含む

（出典：株式会社企業再生支援機構ウェブサイト：http://www.etic-j.co.jp/business/flow.pdf）

44

次に、企業再生支援機構の再生プロセスに関する主な特徴としては、次のことが挙げられる。
イ．各債権者の金融支援（負担）は、メインバンクが他の債権者より加重な責任を負うメイン寄せではなく、メイン行、非メイン行に関係なく平等に分担する（プロラタ）精神が尊重されることが挙げられる。これらは平成15年5月に設立された株式会社産業再生機構が行う再生のプロセスに関する特徴を踏襲していると考えられる。
ロ．企業再生支援機構には、株式会社産業再生機構にはなかった手法、具体的には、債権放棄等を伴わない貸出条件の調整のみや、債権者間調整や経営改善指導のみを行う支援が準備されている。これらのケースでは、債権放棄等の金融支援がないため、株主責任や経営者責任が問われないことがあり得ると考えられる。

④ 支援実績と実績から見られる傾向

平成23年3月現在、支援対象事業者は14社、支援終了事業者は2社となっている。

なお、これまでの実績から、企業再生支援機構が取り組む案件には、以下の特徴が伺える。
イ．協議会では支援対象とならない医療法人や学校法人、大規模法人等も、その支援対象になっている。
ロ．日本航空株式会社のケースのように、会社更生法と併用することで、事業毀損を防ぎながら、再生プロセスの安定性を確保する等、相互補完することで、難しい大型案件の再生プロセスのモデルケースを示している。

なお、これまでの支援実績から見られる傾向ではないが、企業再生支援機構は中堅・中小企業の事業者に対する支援強化のための専門組織として、中小企業再生支援センターを設置しており、大企業から中小企業まで幅広く、その事業を支援する仕組みを取り揃えている。

(6) 中小企業承継事業再生計画（第二会社方式）

　中小企業承継事業再生計画とは、平成21年4月30日に公布され平成21年6月22日より施行（平成21年4月30日に施行された一部の特例を除く。）された「我が国における産業活動の革新等を図るための産業活力再生特別措置法等の一部を改正する法律」により創設された制度（産活法39の2、同39の3）であり、第二会社方式（4⑷参照）を利用した事業再生を支援するため、特定中小企業者[12]が会社分割又は事業譲渡による第二会社方式を用いた「中小企業承継事業再生計画」を作成し、国による計画の認定を受けることにより、次のような特例を受けることができるというものである。

① 許認可承継の特例

　　中小企業承継事業再生計画の認定要件の中で、従業員や取引先の維持を規定することなどを盛り込んだ場合には、事業譲渡会社が有している許認可について事業譲受会社に承継することができる（産活法39の4）。なお、承継することができる許認可の種類は、旅館業法、建設業法、火薬類取締法、道路運送法、ガス事業法、熱供給事業法又は貨物自動車運送事業法の各業法に規定される許認可とされており、風俗営業等の規制及び業務の適正化等に関する法律に規定されるものは含まれない。

3．制度的拡充が進む私的整理

支援措置①：許認可承継の特例

○旧会社の有する営業上の許認可が、事業とともに第二会社に承継される特例を措置する。

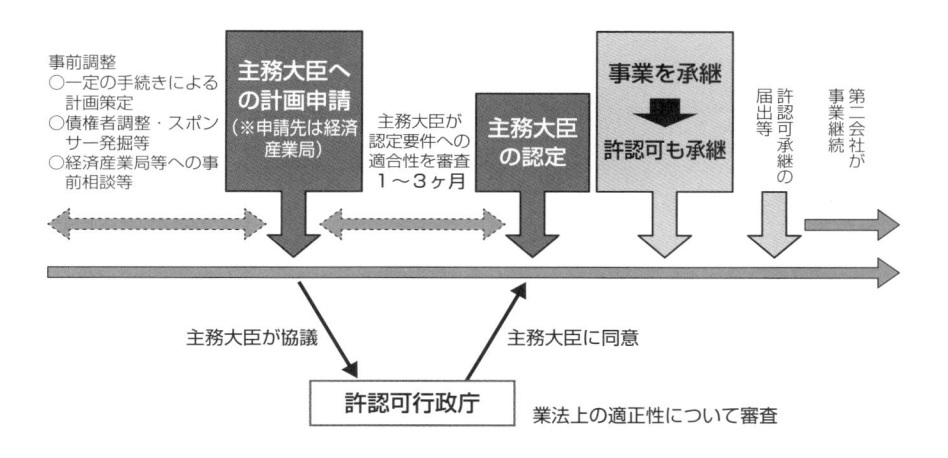

事前調整
○一定の手続きによる計画策定
○債権者調整・スポンサー発掘等
○経済産業局等への事前相談等

主務大臣への計画申請（※申請先は経済産業局）

主務大臣が認定要件への適合性を審査 1～3ヶ月

主務大臣の認定

事業を承継 → 許認可も承継

許認可承継の届出等

第二会社が事業継続

主務大臣が協議 → 許認可行政庁 ← 主務大臣に同意

業法上の適正性について審査

(出典：経済産業省「中小企業の事業再生支援の強化について」平成22年10月)

② 流通税の軽減

　第二会社への事業の承継に必要な不動産の会社分割や事業譲渡による所有権移転の登記に係る登録免許税・不動産取得税が軽減される（措法80①、地方税法附則11の4③）。なお、登録免許税の軽減は、会社分割のための第二会社資本金についても適用がある。

支援措置②：流通税の軽減

○事業に必要な不動産等の移転に関し、不動産取得税・登録免許税を軽減

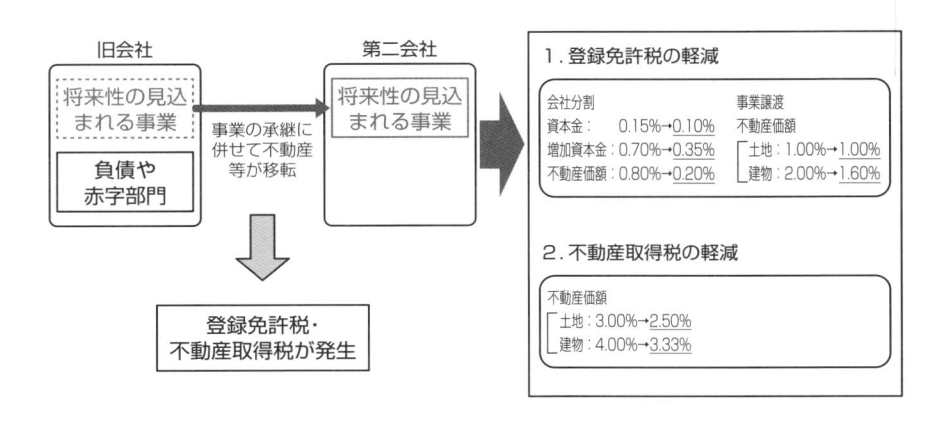

```
旧会社                       第二会社
┌─────────┐              ┌─────────┐
│将来性の見込 │  事業の承継に  │将来性の見込 │
│まれる事業   │  併せて不動産 │まれる事業   │
└─────────┘  等が移転     └─────────┘
┌─────────┐
│負債や       │
│赤字部門     │
└─────────┘
      ↓
┌─────────────┐
│登録免許税・   │
│不動産取得税が発生│
└─────────────┘
```

1．登録免許税の軽減

会社分割
- 資本金：0.15%→0.10%
- 増加資本金：0.70%→0.35%
- 不動産価額：0.80%→0.20%

事業譲渡
不動産価額
- 土地：1.00%→1.00%
- 建物：2.00%→1.60%

2．不動産取得税の軽減

不動産価額
- 土地：3.00%→2.50%
- 建物：4.00%→3.33%

(出典：経済産業省「中小企業の事業再生支援の強化について」平成22年10月)

③ 金融支援

　　第二会社方式の場合には、新規事業取得等のために資金調達が必要となるが、株式会社日本政策金融公庫の低利融資及び中小企業信用保険法の特例（産活法39の5）並びに中小企業投資育成株式会社法の特例（産活法39の6）により、事業再構築等に必要な融資や出資を円滑に受けられるようになっている。

3. 制度的拡充が進む私的整理

支援措置③：金融支援

○第二会社方式を用いる際に必要となる事業対価、運転資金等について資金供給を円滑化

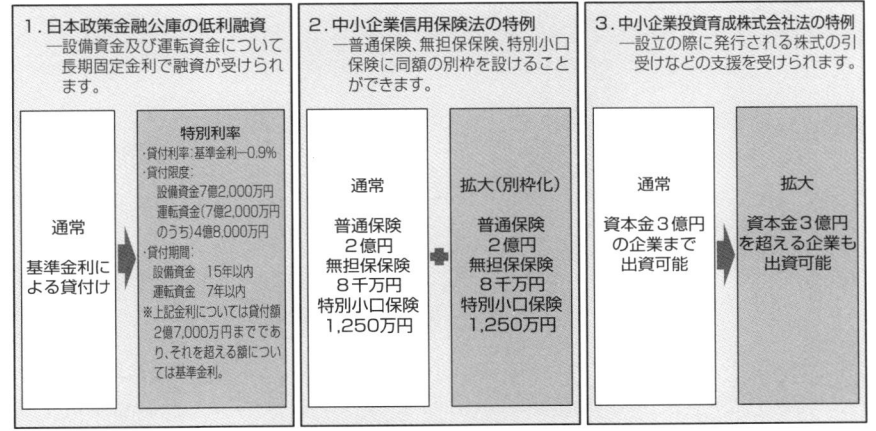

1. 日本政策金融公庫の低利融資
―設備資金及び運転資金について長期固定金利で融資が受けられます。

通常	特別利率
基準金利による貸付け	・貸付利率：基準金利－0.9% ・貸付限度： 　設備資金7億2,000万円 　運転資金（7億2,000万円のうち）4億8,000万円 ・貸付期間： 　設備資金　15年以内 　運転資金　7年以内 ※上記金利については貸付額2億7,000万円までであり、それを超える額については基準金利。

2. 中小企業信用保険法の特例
―普通保険、無担保保険、特別小口保険に同額の別枠を設けることができます。

通常	拡大（別枠化）
普通保険 2億円 無担保保険 8千万円 特別小口保険 1,250万円	普通保険 2億円 無担保保険 8千万円 特別小口保険 1,250万円

3. 中小企業投資育成株式会社法の特例
―設立の際に発行される株式の引受けなどの支援を受けられます。

通常	拡大
資本金3億円の企業まで出資可能	資本金3億円を超える企業も出資可能

※上記の支援を受けるためには各関係機関等による審査が必要になります。

（出典：経済産業省「中小企業の事業再生支援の強化について」平成22年10月）

　なお、中小企業承継事業再生計画の認定を受けるためには、下図の九つの要件を満たすことが必要となる（産活法2、同3、同39の2④各号）。

中小企業承継事業再生計画の認定要件

〈法律上の要件〉　　　〈具体的なイメージ（指針等で指定）〉

（産活法第2条第21項）
過大な債務を負っていること等によって財務の状況が悪化していること

→ 計画申請時点で、有利子負債／CF（キャッシュフロー）＞20

→ 計画終了時点で、①有利子負債／CF≦10、②経常収支≧0

基本指針に照らして適切であること（産活法第39条の2第4項第1号）

（産活法第3条第2項第9号）
中小企業承継事業再生による事業の強化

（産活法第3条第2項第9号）
中小企業承継事業再生の実施方法

→ 既存又は新設する事業者への吸収分割又は事業譲渡、及び新設分割により特定中小企業者から承継事業者へ事業を承継するとともに、事業の承継後、2年以内に特定中小企業者が清算するものであること

→ 公正な債権者調整プロセスを経ていること
債権者調整が適切になされているものを認定するため、公正性が担保されている以下の手続を経ていることを要件とする
- ✔再生支援協議会　　　✔RCC企業再生スキーム
- ✔事業再生ADR　　　　✔企業再生支援機構
- ✔私的整理ガイドライン　✔民事再生法　　　等

（産活法第39条の2第4項第2号）
円滑かつ確実に実施されると見込まれるものであること

→ 第二会社の事業実施における資金調達計画が適切に作成されていること

→ 第二会社の営業に許認可が必要となる場合、許認可を取得していること、又は取得見込みがあること
承継事業者が営業には、承継する事業に係る許認可が必要であるため、以下のいずれかを満たすことを要件とする
- ✔本支援措置の許認可承継特例を用いて行政庁の同意が得られること
- ✔第二会社が既に許認可を取得している、又は取得する見通しがあること

（産活法第39条の2第4項第3号）
特定中小企業者の経営資源が著しく損失するものでないこと

→ 認定計画の実施期間において、承継される事業に係る従業員の8割以上の雇用を確保（ただし、定年退職者など承継事業者の責に帰すことができない減少は減少数に算入しない。）

（産活法第39条の2第4項第4号）
従業員の地位を不当に害するものでないこと

→ 従業員との適切な調整が図られていること
労働組合等への説明や調整が行われていること

（産活法第39条の2第4項第5号）
取引先の相手方事業者の利益を不当に害するものでないこと

→ 取引先企業への配慮
旧会社の取引先企業の売掛債権を毀損させないこと

（出典：経済産業省「中小企業の事業再生支援の強化について」平成22年10月に一部加筆）

（7）各制度に要する実務的な期間

各制度に要する期間は、付録１の事業再生の手続と税制の関係「１．総論(1)手続の概要　手続期間のイメージ」に記載されているが、各制度の進め方や手続実務等の取扱が異なるため、各制度の手続に要する期間が異なっている。

しかし、設置されている機関等への初期相談にはじまり、各種デューデリジェンス（標準的には、財務、法務、税務、不動産等）の実施、再生計画の策定作業、債権者との協議等を経て、主たる債権者（金融機関）との合意に至る一連の再生手続に要する実務的な標準的期間をみると、各制度いずれも概ね半年程度と思われる。

3　それ以外にも、上場廃止基準（東京証券取引所上場規程601①五、七や同施行規則601④、⑥など）にも配慮する必要がある。

4　私的整理ガイドライン策定に際しては、INSOL（International Association of Restructuring, Insolvency & Bankruptcy Professionals　倒産実務家国際協会　日本にはその支部である倒産実務家日本協会（JFIP）がある）の８原則（INSOLインターナショナル平成12年）及びそれが範とした「ロンドンアプローチ」（イングランド銀行　平成２年）が参考にされた（高木新二郎・獨協大学法学部教授「私的整理に関するガイドライン」の解説　NBL723（2001.10.15）号　株式会社商事法務）。

5　法人税法第12条第１項本文。受益者等が信託財産の所有者（この場合は債権者）とみなされる。

6　金銭信託以外の金銭の信託（当初信託財産は金銭だが、解除交付財産は金銭以外の信託）

7　中小企業者の定義は後記４(4)参照。

8　中小企業再生支援協議会スキームでも活用の途がある（「事業再生と債権管理」（社団法人金融財政事情研究会）2009年７月５日125号「定着してきた中小企業再生支援協議会スキーム」（中小企業再生支援全国本部　総括プロジェクトマネージャー　藤原敬三ほか）。

9　事業再生関連保証には、事業再生保証（DIP（Debtor in Possession）保証）と事業再生円滑化関連保証（プレDIP保証）の二種類がある。前者は、法的再生手続を利用して事業再生を図ろうとする中小企業者への融資に対する保証であり、後者は、事業再生ADR、中小企業再生支援協議会スキームに基づく場合で中小企業者の事業再生のための制度。

10　「事業再生と債権管理」（社団法人金融財政事情研究会）2009年７月５日125号「事業再生ADR申請上の諸問題と展望」（JATP代表理事　弁護士　松嶋英機）

11　企業再生支援機構のウェブサイトに記載されている「機構の業務」の機構を活用するメリットの記載を参照。

12　特定中小企業者とは、過大な債務を負っていることその他の事情によって財務の状況が悪化していることにより、事業の継続が困難となっている中小企業者をいう（産活法２㉑）。なお、「中小企業者」の範囲は後記４(4)参照。

4 事業再生手続の背景にある事業再生税制(税制の概要と留意点)

　事業再生の手法及び技法の選択に当たっては、課税上の取扱いを十分に検討することが必要となることが多い。事業再生における税務の主要な論点は債務免除益に課税を受けることなく事業再生が可能かどうかの点にあり、事業再生税制では、これに対応して主に資産の評価損益や期限切れ欠損金の控除の特例を設けている。事業再生の手続と税制の関係は、付録1に整理しているので参照されたい。

　債務免除益については、他国では一定の事業再生の場合に債務免除益そのものの課税を軽減する事例もあるが、我が国の制度では債務免除益そのものは原則どおり益金を構成し、税制における事業再生の類型区分(会社更生、民事再生、一定の私的整理)に応じて、欠損金・評価損の取扱いに特例を設け、債務免除益に充当し易くするという方法で事業再生に対応している。債務免除益課税が生ずるということは、課税による資金負担のみではなく、債務免除の額そのものが過大のおそれがあるものとして捉えられることもあり再建計画策定の重要な項目となる。

　平成17年度の法人税法改正は、会社更生にしか認めてこなかった資産の評価損益及び期限切れ欠損金の優先控除の適用範囲を広げる画期的なものであった(付録2(1)参照)。それまで、民事再生では資産の評価損は認められていたものの期限切れ欠損金については、民事再生会社等の債務者が青色申告法人であり、前7年以内に発生した欠損金[13](以下「青色欠損金」という。)控除後の活用に限られていたほか、一定の私的整理では青色欠損金控除後の期限切れ欠損金の活用が認められるに留まっていた。平成17年度の法人税法改正は、資産の評価損益及び期限切れ欠損金の優先控除の利用可能な範囲を、民事再生のほか、一定の私的整理に関しても適用可能な要件を設けて大きく拡大した。

しかしながら、この改正は当初より比較的大きな企業を前提とした制度設計であったため、中小企業にとっては利用しづらい面があった。また、主に中小企業では、粉飾問題等によりそのままではスポンサーからの支援が得にくい場合も少なくなく、法人格の維持継続を必須とする上場会社等と違って法人格の変更は比較的容易であることから、従来からいわゆる「第二会社方式」（4(4)参照）を採用する傾向にあった。これらのため、平成21年度税制改正により中小企業に対して一定の手当がなされた。

　なお、窮境にある企業に多く見られる仮装経理に係る過大申告に関しては、所得の減額更正があっても原則として直ちに過大納付分の還付はされない制度となっていたが、平成21年度税制改正により一定の事業再生については、還付額が一般債権者への配当額に影響することを考慮して早期還付の特例が認められている。

（１）資産の評価損益

　上述のように、事業再生手続の過程で債務処理計画等が承認され、債権放棄が確定すると債務免除益が計上される。これに対して、法人税法上は一定の要件を満たさない評価損益の計上を認めないのが原則だが、再生企業の場合には例外として資産の評価損（及び評価益）を計上することが認められている。中小の再生企業の場合、資産の評価益は少ないことが多く、この特例により資産を譲渡しなくとも評価損を計上することができる。債務処理計画等において、この特例と(2)の欠損金の特例を組み合わせて債務免除益課税を軽減することが可能となる。

　① 　会社更生法の場合

　　　更生手続開始の決定があったときは、更生会社の事業年度は、その開始の時に終了し、これに続く事業年度は、更生計画認可の時（その時までに更生手続が終了したときは、その終了の日）に終了する（更生法232②）。ただし、税法上の事業年度は、その期間が１年を超える場合は、当該期間

をその開始の日以後1年ごとに区分した各期間（最後に1年未満の期間を生じたときは、その1年未満の期間）となる（法法13①、地方税法72の13④）。会社更生では、更生手続開始決定日時点のすべての財産について、時価を基準とする財産評定が行われ（更生法83）、この財産評定額は更生会社の認可決定時貸借対照表及び財産目録における取得価額とみなされ会計帳簿の基礎となる（更生則1②、会社計算規則5①・②）。

　会社更生法の規定による更生計画認可の決定があった場合においては、財産評定手続によって算定され、会計帳簿に反映した資産の評価益の益金算入及び資産の評価損の損金算入が行われる（法法25②、同33③）。

　また、これまで金銭債権は評価損の計上対象から除かれていたが、平成21年度税制改正により改正法施行日以後に行われる評価換えについては、金銭債権についても評価損の損金算入ができることになっている。これにより、従前の評価損対象資産をあまり保有せず、金銭債権を多く保有するような企業（ノンバンクやリース会社等）や関係会社間の債権を多く保有するような企業の事業再生においても多くの評価損を計上できるようになるものと考えられる（この改正については民事再生・一定の私的整理の場合においても概ね同様である。）。従来、金銭債権については会社更生の財産評定に基づく評価損であっても、税務上は損金の対象に含まれないと解されることが多かったが、平成21年度税制改正により、会社更生の資産評定損について会社更生法の規定に従った評価換えにより帳簿価額を減額する限り、税務上も認められることとなった。なお、負債に関する評価損益の計上は、税務上では認められない。

　資産の評価損益の額については、会社更生法の場合においては、会社更生法の規定による更生計画の認可決定があったことにより評価換えをし、その帳簿価額を増額又は減額した場合には、その増額又は減額した部分の金額は、その評価換えをした日の属する事業年度の所得の金額の計算上、益金又は損金の額に算入する（法法25②、同33③）ものと規定されている。当該規定による評価換えを行う場合には、評価換えによって減額又は増額

された金額が更生計画の認可日を期末とする事業年度の評価損益となる。

日本公認会計士協会による会計制度委員会研究報告第11号「継続企業の前提が成立していない会社等における資産及び負債の評価について」（以下「会計制度委員会研究報告第11号」という。）で明らかにされているように、更生会社については会計上も財産評定に基づく資産の評価替えは行うべきものとされており、会社更生法の場合には資産の評価額について、会計上と税務上の取扱いは基本的に同じとなる。

② 民事再生法の場合

民事再生の場合には、法人税法第33条第2項及び法人税法施行令第68条による再生手続開始の決定に伴う資産評価損の計上（「損金経理方式」）に加えて、法人税法第25条第3項及び第33条第4項の規定による再生計画認可の決定時（法令68の2④一）[14]における資産評価益及び資産評価損の計上（「別表添付方式」）が認められている。この両方式は、重複適用は認められず、いずれかを選択することとなること（法令68②）のほか、対象資産の範囲や期限切れ欠損金の適用順序等、その要件の違いに留意して検討する必要がある。

イ．損金経理方式（法法33②）

民事再生においても財産評定手続が設けられている（民再法124）が、その目的は会社更生の財産評定の結果が更生会社の会計帳簿の基礎となるのに対して、民事再生では、債権者が再生計画の適否を破産した場合の配当率と比較して判断するための資料とすることを目的としているため、原則として財産を処分するものとして行う（民事再生規則56①）こととされている。このため、民事再生の財産評定の結果がそのまま会計帳簿に反映するものではなく、民事再生会社が資産評定を行う場合には財産評定とは別に事業の継続を前提とした価額（法人税法上は法人税法上の時価（法基通4－1－3、同9－1－3等））を算定して進めるこ

とが必要となる。もっとも、会計制度委員会研究報告第11号では、民事再生は会社更生と異なり、再生手続の開始決定をもって資産の評価換えを行うべき事象には該当せず、資産の評価替えを行うには減損会計等の会計基準を援用することが必要とされている。以下のように、税務上は損金経理を要件としているので、一般に公正妥当と認められる会計処理の基準（以下「公正処理基準」という。）の適用により、評価損が計上できない場合には、要件を満たせないことが考えられる。また、固定資産の減損損失を計上するタイミングは必ずしも期末ではないという違いもある（固定資産の減損に係る会計基準の適用指針第55項、同第134項）。

民事再生の場合の評価損の税務上の取扱いには二通りあり、その一つが損金経理方式である。すなわち、物損等の事実や会社更生法の規定による更生手続における評定が行われることに準ずる特別の事実（「法的整理の事実」）が生じた場合には資産の評価損の損金算入が認められており（法法33②及び法令68）民事再生法の規定による再生手続開始の決定があったことにより、民事再生法に定める財産評定が行われることは、当該法的整理の事実に該当するとされている（法基通９－１－３の３）。

ただし、民事再生において再生手続の開始決定があった場合における法人税法第33条第２項及び法人税法施行令第68条に基づく評価損の計上を行う場合は、再生手続開始の決定により、資産の評価換えをして損金経理によりその帳簿価額を減額したときは、その減額した部分の金額のうち、その評価換えの直前の当該資産の帳簿価額とその評価換えをした日の属する事業年度終了のときにおける当該資産の価額（法人税法上の時価（法基通４－１－３、同９－１－３等）との差額に達するまでの金額は、損金の額に算入するとされており、損金経理が要件とされている。したがって、会社法及び企業会計に基づいて資産の評価換えを行った場合について、税務上も評価損を計上できることを明確化したものとしている[15]。

損金経理方式の場合における評価損対象資産は、法人税基本通達９－

1－5、9－1－16に定められており、棚卸資産と固定資産については、民事再生の再生手続開始の決定に伴う資産評価損の計上が明示されていたが、有価証券及び繰延資産については、同通達に明文規定がなく、これまでの実務上の例等では、認められると解することもあったようであるが、影響額が大きなときには所轄税務署等に事前相談を行う等の相当に慎重な対応を行うこともあった。

　しかし、平成21年度税制改正後については、物損等の事実の場合については従前どおり対象資産が限定されているものの、法的整理の事実の場合には対象資産が限定されていないため、すべての資産について評価損を計上できることとなるものと考えられる。ただし、この場合においても、評価損の計上については損金経理が要件とされているため、金銭債権等について公正処理基準で評価損の計上が認められないケースにおいては、損金経理要件を満たせず、評価損の損金算入の対象にならないものと取り扱われる（法基通9－1－3の2）。平成21年度税制改正により従前にあった評価損対象資産の制限がなくなったが、この基本通達には留意が必要である。

ロ．別表添付方式（法法25③、同33④）

　民事再生法の規定による再生計画認可の決定があった場合においては、確定申告書に必要な別表を添付することにより資産の評価益の益金算入及び資産の評価損の損金算入を行う方法が認められている（「別表添付方式」、法法25③、同33④）。

　民事再生において再生計画の認可決定の場合等について、法人税法第25条第3項及び第33条第4項により、資産評価損益の計上の対象となる資産については、以下のもの以外とされている（法令24の2④）。

　　ⅰ　圧縮記帳の適用を受けた資産のうち、一定のもの
　　ⅱ　短期売買商品

4．事業再生手続の背景にある事業再生税制（税制の概要と留意点）

　　iii　売買目的有価証券
　　iv　償還有価証券
　　v　その資産の価額とその帳簿価額との差額が当該法人の認可決定時（法基通4－1－9）の資本金等の額の2分の1に相当する金額と1,000万円とのいずれか少ない金額に満たない場合の、その資産（平成21年度税制改正により、「1,000万円」は中小規模再生（有利子負債の額が10億円未満である企業再生）の場合には100万円）

　ここで、注意しなければならないのは、ⅴの規定であり、評価損益の金額が少額なものについては、評価損益の計上の対象とはならない点である（損金経理方式にはこのような金額制限自体がない。）。
　また、会計上は会計制度委員会研究報告第11号で明らかにされているように民事再生会社については会社更生と異なり、再生手続の開始決定をもって資産の評価換えを行うべき事象には該当せず、資産の評価替えを行うには減損会計等の会計基準を援用することが必要とされている。会計基準により損益計算書に計上される評価損の対象とならない場合には、原則としては資産の評価替えを行うことはできないこととなっている。そのため、法人税法第25条第3項及び第33条第4項の適用を受ける場合（別表添付方式）には、法人税法第33条第2項の規定による場合（損金経理方式）と異なり、損金経理は要件とされていない。したがって、損金経理を行わなかった場合には、申告調整により減算調整をすることとなる（減算調整が原則とはなっているが、損金経理処理も認められる。）。なお、法人税法第25条第3項及び第33条第4項の適用を受ける場合には、確定申告書に「評価損明細」及び「評価益明細」を添付することが要件とされている（法法25⑤、同33⑦）ため留意が必要である。

【法人税法上の評価損益に関する規定】

条文番号	内容	対象事象 会社更生	民事再生(開始決定)	民事再生(認可決定)	一定の私的整理(注)	産活法	物損等の事実	対象資産	備考
25条2項	評価益	○	×	×	×	×	×	すべての資産	・帳簿価額の増額が必要 ・評価時点：会社更生計画開始決定時 ・計上時期：評価換えをした日の属する事業年度
25条3項	評価益	×	×	○	○	×	×	法令24条の2第4項に定める資産	・「準ずる事実」は法令24条の2第1項に規定 ・確定申告書に評価益の額の明細添付 ・評価時点：民事再生計画認可決定時、一定の私的整理の事実が生じた時 ・計上時期：事実が生じた日の属する事業年度
33条2項	評価損	×	○	×	×	○	○	すべての資産（ただし、評価損として損金経理の対象とならないものは除かれる）	・「物損等の事実」及び「法的整理の事実」が対象 ・法令68条第1項は資産の区分に応じて「物損等の事実」を規定 ・基本通達9-1-3の3は民事再生が「法的整理の事実」に該当することを明記 ・帳簿価額の減額が必要 ・評価時点：評価換えをした日の属する事業年度終了の時
33条3項	評価損	○	×	×	×	×	×	すべての資産	・評価損明細不要 ・評価時点：会社更生計画開始決定時 ・計上時期：評価換えをした日の属する事業年度
33条4項	評価損	×	×	○	○	×	×	法令24条の2第4項に定める資産	・「準ずる事実」は法令24条の2第1項に規定 ・確定申告書に評価損の額の明細添付 ・評価時点：民事再生計画認可決定時、一定の私的整理の事実が生じた時 ・計上時期：事実が生じた日の属する事業年度

（注）一定の私的整理のうち一定の要件を満たす債務処理計画に基づくもの

　上記のように、評価損益を認識することができる資産の種類等は、民事再生法の再生計画の認可決定の場合等において、資産評価損益の計上を行う場合（別表添付方式、法法25③及び同33④の規定の適用を受ける場合）と、民事再生法の再生手続の開始決定の場合において資産評価損

の計上を行う場合（損金経理方式、法法33②の適用を受ける場合）との間で一致していないものと解される。

　また、法人税法第33条第4項は、単独で利用することはできず、法人税法第33条第4項により、資産評価損の計上があった場合には、法人税法第25条第3項により資産評価益を計上すべき資産についても資産評価益の計上を行わなければならない（法法25③、同33⑥）。

　さらに、法人税法第33条第4項の場合には、評価損益を計上するか否かによって、債務免除益等と期限切れ欠損金との充当順序が異なることについても留意が必要である。評価損益を計上した場合には、まず期限切れ欠損金から充当し、その後青色欠損金を充当することとなるが、評価損益を計上しなかった場合においては、まず青色欠損金から充当し、その後期限切れ欠損金とを充当することとなるため、評価損益の計上を検討する場合には、併せて欠損金に関しても検討する必要がある。

③　一定の私的整理の場合

　一定の私的整理の場合においても、債務者の有する資産の価額につき一定の評定を行っているときは、評価損益の計上を行うことができる（法法25③及び同33④）。ただし、一定の要件を満たす「債務処理計画」（付録2(3)参照）に基づくものであることが必要である。私的整理の場合には、個別の資産が法人税法第33条第2項の物損等の事実に該当しない限りは、「債務処理計画」の要件（平成17年度税制　法法25③及び33④）に該当する場合にしか税務上の評価損（益）の計上はできない。しかしながら、その要件を満たさないケースでも、下で見る期限切れ欠損金の青色欠損金に劣後する利用は認められる余地がある（(2)及び付録2(3)参照）。

　私的整理の場合も民事再生の場合と同様、会計上は減損会計等の企業会計の基準に基づく評価損に限られる[16]ことになるので、会計上は評価替えができない資産が生じ得る。このため、法人税法第33条第4項の規定による評価損の計上を行う場合には、損金経理は要件とされていない。したが

って、損金経理を行わなかった場合には、申告調整により減算調整をすることとなる。

なお、一定の私的整理の場合における評価損対象資産は、民事再生法の規定に基づく再生計画の認可決定があった場合の評価損の場合と同様であるため上記を参考にされたい。

また、私的整理の場合には、評価損益を計上するか否かによって、債務免除益等に充当する欠損金の順序が異なることについても留意が必要である。評価損益を計上した場合（一定の要件を満たす債務処理計画に基づく私的整理）には、まず期限切れ欠損金から充当し、その後青色欠損金を充当することとなるが、評価損益を計上しなかった場合においては、まず青色欠損金から充当し、その後期限切れ欠損金を充当することとなるため、評価損益の計上を検討する場合には併せて欠損金に関しても検討する必要がある。

私的整理ガイドライン等の一定の私的整理において評価損益を計上する場合は、準則の中に定められている実態貸借対照表作成に当たっての評定基準等に従って作成された実態貸借対照表に計上されている価額（法令24の2③二）とその帳簿価額との差額について、資産評価損益の金額を認識する。この実態貸借対照表に計上されている価額とは、その資産・負債につき、準則で定められた公正な価格による資産評定に従い資産評定が行われ、当該評定による価格を基礎に作成された貸借対照表における資産・負債の価額である。

ここで、準則の定める資産評定は、現在認められている五つの私的整理の準則に規定された「実態貸借対照表作成に当たっての評定基準」（5(2)参照）であり、これが法人税法施行令第24条の2第1項第1号イに定める公正な価額による資産評定に該当するか否かにつき、各準則の設定機関は各々その評定基準を策定又は改定し、「資産評定に関する事項が準則たる本ガイドライン等に定められており、かつ、公正な価額による旨の定めがあること、という要件」として国税庁へ照会した結果、それらの評定基準

4．事業再生手続の背景にある事業再生税制（税制の概要と留意点）

に従っていることを要件の一つとして評価損益計上の適用がある旨、文書回答（脚注17及び20の平成17年以降の七つの文書回答）を得ている。

（２）欠損金

　(1)の資産の評価損と並び債務免除益課税を軽減するために、欠損金の特例が設けられている。元々、法人税法では青色欠損金の制度が設けられているが、ここでは、青色欠損金の期間制限を超過した期限切れ欠損金（厳密には計算方法が異なるために期限超過した青色欠損金の合計が期限切れ欠損金とはならない。）が使えるのかどうかが問題となる。

　次に、期限切れ欠損金を使えるとしても青色欠損金を使い切った後でしか使えないのか、青色欠損金を使用する前に使えるのかも問題となる。一般的には、一定の条件でしか使えない期限切れ欠損金から使えた方が有利である。

　さらに、(1)の評価損との関係で、債務免除益等に評価損を充てた後の益金に対して、期限切れ欠損金を充当するのか、それとも債務免除益等に期限切れ欠損金を充当した後に評価損を充てるのかも問題となる。一般的には、期限切れ欠損金が多いケースでは、期限切れ欠損金を先に債務免除益等に充当する方が、評価損は翌期以降青色欠損金として引き継げる額が増えるので、一定の条件でしか使えない期限切れ欠損金から使えた方がやはり有利である。

　これらの関係は、表【欠損金・評価損の債務免除益等への充当順序】に示すとおりであるが、ここでも法律等による各手続制度自体の厳格性・保守性を考慮して各種手続間で差異が設けられている。会社更生・民事再生・一定の私的整理とも、認可日に評価損益を計上できる場合（更生手続の評価損益計上には二行三人要件や別表添付等の要件はない。）には、期限切れ欠損金の優先利用（評価損よりも優先するのは会社更生のみ。期限切れ欠損金の明細添付は全手続で必要。法法59①②）は同時に達成され、更に債権者側の債務免除に係る損失の損金性も確保される（付録２(3)参照）。

　ここでいう「期限切れ欠損金の金額」とは次の算式によりそれぞれ計算される（法令116の３、同117の２）が、「前事業年度以前の事業年度から繰り越さ

れた欠損金額の合計額」とは、具体的には法人税申告書別表五（一）の利益積立金額及び資本金等の額の計算に関する明細書に期首現在利益積立金額の合計額として記載されるべき金額であり、当該金額がマイナスである場合の当該金額によるものとされている。（法基通12－3－2）なお、A及びBの場合の算式の(a)から(c)の意味は下記のとおり。

(a)…適用事業年度終了の時における前事業年度以前の事業年度から繰り越された欠損金額の合計額（別表五（一）①（31）［期首現在利益積立金額の差引合計額］のマイナスの金額）

(b)…適用年度において法人税法第57条第1項又は第58条第1項の規定の適用がある欠損金額（青色欠損金又は災害欠損金（「青色欠損等」）の期首残額（別表七（一）1の計［控除未済欠損金額の計］））

(c)…適用年度において法人税法第57条第1項又は第58条第1項の規定により損金の額に算入される欠損金額（青色欠損金又は災害欠損金（「青色欠損等」）の当期損金算入額（別表七（一）2の計［当期控除額の計］））

A：会社更生等の場合の欠損金額（法法59①）

　　以下のいずれか少ない額

　　　i　(a)−(b)

　　　ii　債務免除益等＋私財提供益＋（評価益が評価損を上回る場合のその額）

B：民事再生等又は一定の私的整理の場合の欠損金額（法法59②）

　(イ)　評価損益の計上（同項第3号）がないとき（私的整理の範囲は「合理的資産整理」付録2(3)参照）

　　　以下のいずれか少ない額

　　　i　(a)−(c)

　　　ii　債務免除益等＋私財提供益

ⅲ　青色欠損金等損金算入額控除後の所得（別表四①（43）［総額の差引計］－(c)）

㈵　評価損益の計上（同項第３号）があるとき（私的整理の範囲は「債務処理計画」付録２(3)参照）
　　以下のいずれか少ない額
　ⅰ　(a)－(b)
　ⅱ　債務免除益等＋私財提供益＋（評価益が評価損を上回る場合のその額）
　ⅲ　欠損金控除前の所得（別表四①（43）［総額の差引計］）

① 会社更生手続

　会社更生の場合には、更生手続開始の決定があった場合において、開始日の更生債権の債権者から債務免除を受けた金額、開始決定に伴い役員又は株主等から私財提供を受けた金額、資産評価益の金額（法法25②の規定により会社更生法等の規定に従って行われた評価換えに係る金額に限り、また、資産評価損の計上（法法33③の規定により会社更生法等の規定に従って行われた評価換えに係る金額に限る。）がある場合には、評価益の金額から評価損の金額を控除した残額）の合計額に達するまで、期限切れ欠損金を損金の額に算入することができる（法法59①）。そして、期限切れ欠損金を債務免除益等に充当した後に課税所得がある場合には、青色欠損金を損金の額に算入することとなる。

② 民事再生手続

　上記のように、会社更生の場合には、期限切れ欠損金の優先適用が認められているのに対して、民事再生の場合には、資産評価損益の計上の規定の適用によって期限切れ欠損金の適用順に相違がある。(1)で見たように、民事再生手続では「別表添付方式」（法法25③及び同33④の再生計画の認可決定による資産評定に基づく資産評価損益）と「損金経理方式」（法法

33②の評価損)のいずれを適用するかによって、期限切れ欠損金・青色欠損金の充当順序が変わることとなり、いわば、両方式の選択適用制になっている（法令68②)。

イ．別表添付方式

　民事再生法の再生計画認可の決定等又はこれに準ずる再建計画に基づき、法人税法第25条第3項及び第33条第4項の規定による再生計画の認可決定時における時価に基づく資産評価損及び資産評価益を計上する場合には、開始時の債権者からの債務免除益・役員株主等からの私財提供益・「別表添付方式」による資産評価損益の合計額を、期限切れ欠損金から優先して充当することとなる（法法59②)。

ロ．損金経理方式等

　民事再生法の再生計画認可決定に伴う「別表添付方式」による資産の評価損益の計上を行わない場合（法法25③及び同33④の規定を適用しない場合）や、「損金経理方式」（法法33②、法令68①、法基通9－1－3の2）により再生手続の開始決定に伴って資産評価損を計上する場合には、期限切れ欠損金からの優先充当は認められず、青色欠損金から優先充当され、その充当後の課税所得に対して、期限切れ欠損金を利用することとなるため（法法59②)、注意が必要である。法人税法第25条第3項及び第33条第4項の規定を適用しない場合（たまたま評価損益のない場合やあっても別表等を添付せずに申告に反映させない場合も含む。）には、期限切れ欠損金を青色欠損金の次に使用することに問題がなければ、資産評定を行っても申告所得に反映させないという選択もあり得る。

③　一定の私的整理（「債務処理計画」又は「合理的資産整理」、付録2(3)参照）

　法人税法第25条第3項及び第33条第4項の規定により資産評価損益の計

上を行っている場合、私的整理ガイドライン等の一定の私的整理（一定の要件を満たす「債務処理計画」に基づく私的整理に限る。）については、期限切れ欠損金の優先利用が認められることとなる（脚注17及び20の平成17年以降の国税庁文書回答事例参照）。「債務処理計画」の要件は満たさなくとも、「合理的資産整理」の要件を満たすことで期限切れ欠損金の青色欠損金に対する劣後利用は認められる（付録2(3)参照）。

【欠損金・評価損の債務免除益等への充当順序】

	会社更生法（33③）	民事再生法		一定の私的整理（注）（産活法については例外あり）	
		損金経理方式（33②）の適用を受ける場合	別表添付方式（33④）の適用を受ける場合	別表添付方式（33④）の適用を受ける場合	別表添付方式（33④）の適用を受けない場合
資産評価損	2nd	1st	1st	1st	―
期限切れ欠損金	1st	3rd	2nd	2nd	2nd
青色欠損金	3rd	2nd	3rd	3rd	1st

（注）「合理的資産整理」（法法59②、法令117四、法基通12－3－1(3)。付録2(3)参照）の要件を満たさない場合には期限切れ欠損金は使用できない。

④　欠損金の繰戻し還付

　青色申告書を提出する法人は、欠損が生じた場合には、その欠損金額を欠損の生じた事業年度開始の日前1年以内に開始したいずれかの事業年度の所得に繰戻し、当該事業年度の所得に対する法人税の全部又は一部について還付請求をすることができる（法法80①）。この制度は、平成4年から解散や会社更生法の更生手続開始の決定があった場合等の一定の場合を除き、原則としてその適用が停止されていたが、平成21年度税制改正により、資本金1億円以下の普通法人等については平成21年2月1日以後に終了する各事業年度において生じた欠損金額について、欠損金の繰戻しによる還付制度の適用を受けることができることとされた（措法66の13①）。

(3) 一定の私的整理の要件

　前述のとおり、一定の私的整理（「債務処理計画」付録2(3)参照）のうち一定の要件を満たす「債務処理計画」に基づくものについては、評価損益の計上ができ（民事再生手続の「別表添付方式」に相当。法法25③及び同33④）、期限切れ欠損金を青色欠損金に優先して利用（法法59②三）することができる。なお、ここでいう一定の要件を満たす「債務処理計画」に基づく私的整理（付録2(3)参照）とは、具体的には法人税法施行令第24条の2第1項、第2項及び法人税法施行規則第8条の6において民事再生手続に準ずる再建計画として、以下のように規定されており、①②③及び④又は⑤を満たす必要がある。

　ただし、ここまでの要件を要求されていない「合理的資産整理」レベルでの私的整理（付録2(3)参照）の場合でも、期限切れ欠損金の劣後利用は認められる（法法59②、法令117五）。

① 一般に公表された債務処理を行うための手続についての準則（公正かつ適正なものと認められるものであって、次に掲げる事項が定められているもの（当該事項が当該準則と一体的に定められている場合を含む。）に限るものとし、特定の者（政府関係金融機関、企業再生支援機構及び協定銀行（RCC）を除く。）が専ら利用するためのものを除く。）に従って策定されていること（法令24の2①一）。
　イ．債務者の有する資産及び負債の価額の評定（以下この項において「資産評定」という。）に関する事項（公正な価額による旨の定めがあるものに限る。）（法令24の2①一イ）
　ロ．当該計画が当該準則に従って策定されたものであること並びに②及び③に掲げる要件に該当することにつき確認をする手続並びに当該確認をする一定の者に関する事項（法令24の2①一ロ）。ここでいう一定の者とは、その債務処理に係る債務者である内国法人、その役員及び株主等並びに債権者以外の者で、その再建計画に係る債務処理について利害関係を有しな

4．事業再生手続の背景にある事業再生税制（税制の概要と留意点）

いもののうち、債務処理に関する専門的な知識経験を有すると認められるものであり、その者が三人以上（有利子負債が10億円未満である場合には、二人以上）選任される場合等をいう（法則8の6）。

② 債務者の有する資産及び負債につき①イに規定する事項に従って資産評定が行われ、当該資産評定による価額を基礎とした当該債務者の貸借対照表が作成されていること（法令24の2①二）

③ ②の貸借対照表における資産及び負債の価額、当該計画における損益の見込み等に基づいて債務者に対して債務の免除をする金額が定められていること（法令24の2①三）

④ 2以上の金融機関等（当該計画に係る債務者に対する債権が投資事業有限責任組合契約等に係る組合財産である場合における当該投資事業有限責任組合契約等を締結している者を除く。）が債務免除等※をすることが定められていること（法令24の2①四）（平成21年度税制改正では当該債務免除の当事者に地方公共団体が追加されている（法令24の2①四ヘ）。）。

⑤ 一定の政府関係金融機関又は協定銀行（RCC）が有する債権その他財務省令で定める債権につき債務免除等※をすることが定められていること（法令24の2①五）。なお、政府関係金融機関とは株式会社日本政策金融公庫及び沖縄振興開発金融公庫をいう（法令24の2②一）。

※債務免除等とは債務の免除又は債権のその債務者に対する現物出資による移転（いわゆるDESにより見込まれる債務消滅益が生じる場合）をいう（法令24の2②三）。

平成21年度税制改正（付録2(2)参照）で上記のうち、いくつかの要件については緩和されたものの、それでも上記の要件は厳しく、特に専門家三人以上の要件や、2以上の金融機関等による債務免除等の要件（二行三人要件）は、中小企業の事業再生事案にとっては、充足することが困難なケースがある。そのため、平成21年度税制改正では新たに中小規模再生（有利子負債の額が10億円未満である企業再生）の制度が設けられ、中小規模再生の場合には、専門家の数は二名以上とされるなど、次のような要件の緩和が行われた。

【平成21年度税制改正により緩和された要件】

各要件	平成21年度税制改正前	平成21年度税制改正後
専門家関与	三人以上	二人以上 （中小規模再生の場合）
金融機関による免除	複数行による免除	複数行による免除 （地方公共団体・DESも対象）
対象資産	資産の価額と帳簿価額との差額がいずれか少ない金額 ・1,000万円 ・資本金等の1/2	資産の価額と帳簿価額との差額がいずれか少ない金額 ・100万円（中小規模再生の場合） ・資本金等の1/2

(出典：「裁判外事業再生」実務研究会編　「裁判外事業再生の実務」（株式会社商事法務）第10章「裁判外事業再生手続と税務上の諸問題」)

　なお、2以上の金融機関等による債務免除の要件についてはあくまで「債務免除をすることが定められていること」となっているため、その後金融機関間で債権譲渡を行い、最終的に債務免除を行う金融機関が一行になったとしても上記要件は満たすことになると考えられている。

　現在のところ（平成23年8月現在）、私的整理ガイドラインに基づく私的整理・協議会の支援による再生計画の策定手順（再生計画検討委員会が再生計画案の調査・報告を行う場合）に従って策定された再生計画（いわゆる「中小企業再生支援協議会スキーム」とは異なる。3(3)参照）・RCC企業再生スキーム・事業再生ADRのうち債権放棄等を含むもの（債権放棄等を含まないものは、二行三人要件や一定の評定基準に基づく実態貸借対照表の作成等の要件を満たさない場合もある。）及び企業再生支援機構が関与した私的整理のうち一定のものが、上記の民事再生手続に準ずる再建計画として本制度の対象となる旨が明確化されている[17]（私的整理ガイドラインに基づく私的整理・協議会の支援により策定した再建計画・RCC企業再生スキームについては平成17年度税制（付録2(1)参照）改正前においても国税庁は、債権者側において法人税基本通達9－4－2の「合理的再建計画」となって債権放棄による貸倒損失の損金性を満たし、債務者においては法人税基本通達12－3－1(3)の「合理的資産整理」の

要件を満たし、期限切れ欠損金を青色欠損金の次に使用できる旨の文書回答を行っていた。平成17年度税制改正に伴い再度国税庁に照会を行い、さらに、二行三人要件（RCCの場合には、RCC1社の債務免除で足りる。）や一定の評定基準に基づく実態貸借対照表の作成等の要件を満たせば、平成17年度税制の適用がある旨の文書回答を得ている。これらの機関が関与していても、平成17年度より前と後の文書照会の対象にしている手続は、内容が異なることに留意する。）。

　また、期限切れ欠損金の利用方法については、平成17年度税制改正を受けて私的整理ガイドラインそのものが改正されているが、改正前の創設当時の私的整理ガイドラインを前提とした文書回答事例があり、その文書回答事例によると、改正前の私的整理ガイドラインに基づく再建計画において青色欠損金の次に期限切れ欠損金を充当することができることが明確化されていることから、現在でも、改正前の私的整理ガイドライン等に基づく私的整理手続においては、青色欠損金の次に期限切れ欠損金を利用することが可能と考えられる[18]。

　次に、産活法に定める事業再生における税制適用の経過は次のとおりである。

　産活法において、債権放棄を含む計画が認定された場合等の一定の要件を満たす場合には、法人税法第33条第2項、旧法人税基本通達9－1－5、同9－1－16により、資産評価損の計上が認められることが、経済産業省からの国税庁への文書照会により、明確化されている[19]。

　この文書照会は、平成17年度税制改正前になされたものであり、法人税法第25条第3項、第33条第4項の適用はないものと解されるが、現在（平成23年8月現在）においても、上記のとおり産活法に基づく債権放棄を含む計画が認定された場合等の一定の要件を満たす場合には、法人税法第33条第2項の規定による資産評価損の規定の適用があるものと考えられる。

　また、上記とは別に、産活法において、その改正により事業再生ADR制度を活用する新制度を創設しているが、平成19年8月6日付けで、産活法第48条第1項第1号（事業再生に係る専門的知識及び実務経験を有すると認められる者の要件）及び第2号（事業再生に係る紛争についての認証紛争解決手続の実

施方法の基準）が定められている。

　こちらについても、私的整理ガイドラインに基づき策定された再建計画や協議会の支援による再生計画等のように、国税庁への文書照会手続を経て、法人税法施行令第24条の2に規定する民事再生に準ずるものとして、法人税法第25条第3項、第33条第4項の規定による資産評価損益の計上とともに期限切れ欠損金の優先控除が認められる旨が明確化されている[20]。

　また、東日本大震災による二重ローン問題への施策として、「個人債務者の私的整理に関するガイドライン」が平成23年7月15日に個人債務者の私的整理に関するガイドライン研究会より公表され、平成23年8月22日より適用が開始された。

　こちらについては、個人債務者が対象となるため、債務者法人における資産評価損益や期限切れ欠損金の取扱いについて考慮する必要はないが、国税庁への文書照会手続を経て、債権者側において法人税基本通達9－6－1(3)の「合理的負債整理」となって債権放棄による貸倒損失の損金性を満たし、個人債務者側において債務免除を受けたことによる債務免除益は、所得税基本通達36－17（債務免除益の特例）にいう「債務免除益のうち、債務者が資力を喪失して債務を弁済することが著しく困難であると認められる場合に受けたもの」に該当することから、所得税法上、各種所得の金額の計算上収入金額又は総収入金額に算入しないものとされる旨が明確化されている[21]ほか、主たる債務者が資力喪失時に金融機関から保証債務原則としての履行請求がなされない場合を認めている。

　なお、法人債務者に対する東日本大震災による二重ローン問題への施策として、協議会の体制を拡充するとともに、債権買取等を行う産業復興機構を設立して、債権買取後に一部債権放棄を行う等の対応が検討されている。

　こちらについては現時点（平成23年8月）で未確定な部分が多いが、運用が開始される際には、私的整理ガイドラインに基づき策定された再建計画や協議会の支援による再生計画等のように、国税庁への文書照会手続を経て、資産評価損益や期限切れ欠損金の取扱い等が明確化されるものと思われる。

（4）第二会社方式と税制

　平成17年度に改正された私的整理に関する税制は、法的整理と一定の私的整理のイコール・フッティングを目指したもので、期限の利益の喪失を回避して再生を目指す上場会社に適した制度であった。しかし、適用要件が厳しいために、実務上法人格の継続が必須（上場会社、許認可産業）ではない会社及び中小企業では、私的整理を選択し、第二会社方式と呼ばれる方式により債務免除益課税を軽減する方法が選択される傾向にある（中小企業再生支援協議会資料より）。

　第二会社方式とは、窮境にある企業の中の将来性ある事業を新設会社（稀に既存会社）に譲渡（会社分割又は事業譲渡）して、元の会社については法的整理（特別清算又は破産等の方法があるが、当該会社に瑕疵担保責任があるような場合に特別清算を選択してしまうと、清算人が当該責任を負うこととなる可能性もあるため、いずれの方法を選択するかは留意が必要である。）を行うというものであり、事業の承継方法や事業の譲渡先によって、①新設譲渡型、②既存譲渡型、③新設分割型、④新設会社吸収分割型、⑤既存会社吸収分割型といった五つの類型に分けられる（スキームについては下図参照）。

(1) 新設譲渡型

スポンサー等による資金提供により存続対象となる事業を新設し、当該新設会社に存続対象となる事業を譲渡

[スポンサー等/取引先企業/地域中小企業等] → 出資・融資 経営者派遣等 → [新設会社（第二会社）／存続事業]

[対象中小企業／負債・赤字部門／存続事業] → 譲渡対価／事業譲渡 → 特別清算等

(2) 既存譲渡型

スポンサー等が自ら第二会社となり、当該スポンサー等に存続対象となる事業を譲渡

[スポンサー等（第二会社）／取引先企業・地域中小企業等／存続事業]

[対象中小企業／負債・赤字部門／存続事業] → 譲渡対価／事業譲渡 → 特別清算等

事業の承継が事業譲渡

(3) 新設分割型

新設分割により新設される会社が存続対象となる事業を承継。スポンサー等は、新設会社の株式の取得や増資等を実施

[スポンサー等/取引先企業/地域中小企業等] → 増資・融資 経営者派遣等 → [新設会社（第二会社）／存続事業]

[対象中小企業／負債・赤字部門／存続事業] → 株式等譲渡／株式等の交付 → 譲渡代金／新設分割 → 特別清算等

(4) 新設会社吸収分割型

スポンサー等による資金提供による会社を新設し、当該新設会社が、吸収分割により存続対象となる事業を承継

[スポンサー等/取引先企業/地域中小企業等] → 出資・融資 経営者派遣等 → [新設会社（第二会社）／存続事業]

[対象中小企業／負債・赤字部門／存続事業] → 分割対価（金銭等）／吸収分割 → 特別清算等

第二会社が新設会社

(5) 既存会社吸収分割型

スポンサー等が自ら第二会社となり、スポンサー等が、吸収分割により事業を承継

[スポンサー等（第二会社）／取引先企業・地域中小企業等／存続事業]

[対象中小企業／負債・赤字部門／存続事業] → 分割対価（金銭等）／吸収分割 → 特別清算等

事業の承継が会社分割

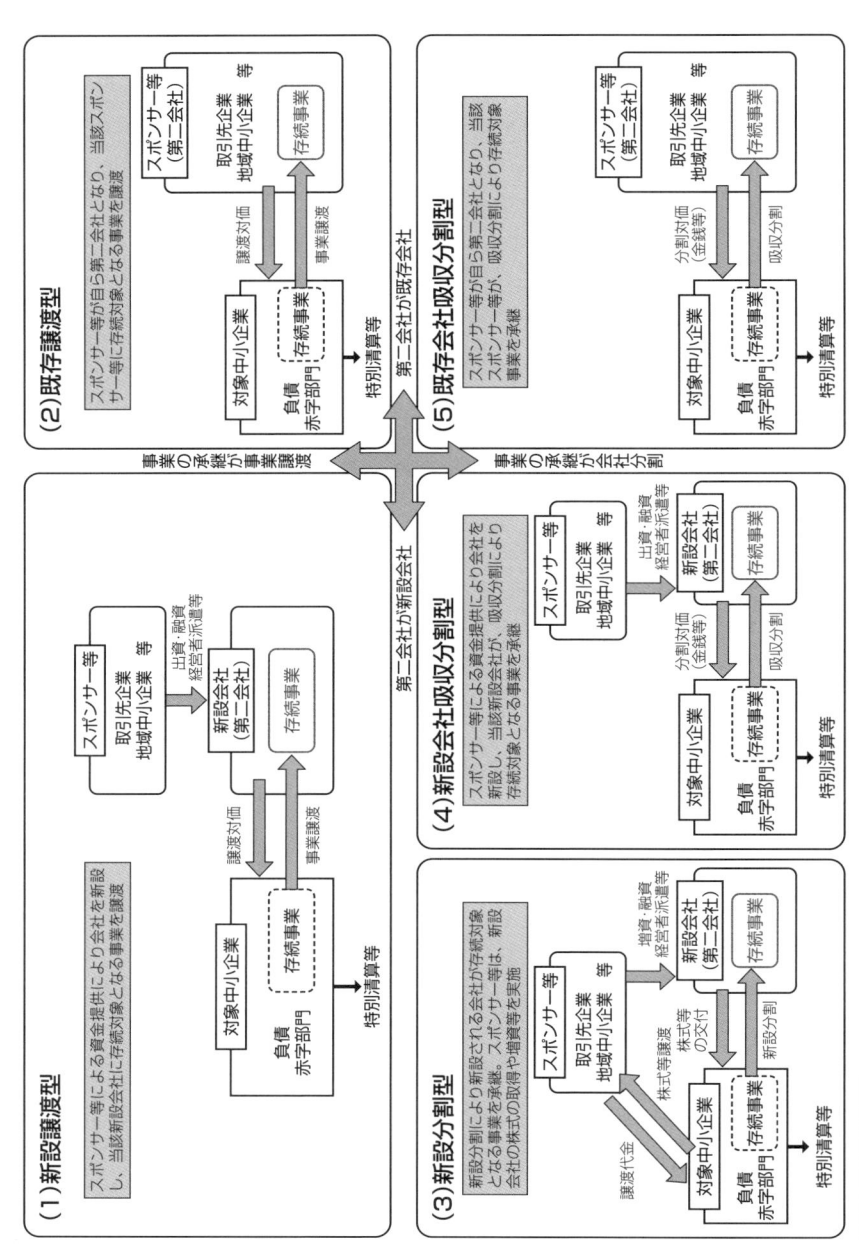

（出典：中小企業庁資料）

4．事業再生手続の背景にある事業再生税制（税制の概要と留意点）

　第二会社方式には、譲渡価額の妥当性やのれんの償却（詳細は後記６(5)②参照）といった論点はあるが、メリットとして①事業を承継した会社に貸し付ける金融機関から受け入れられ易いこと、②中小企業に比較的多く見られる資産の簿価の記録が不確かな会社の場合には、その部分を事業再生と切り離して整理することができること、③スポンサーとしては簿外債務を引き継ぐリスクが少ないため協力が得やすいこと、④税務上評価損の計上が難しいような場合に、所有資産の譲渡により譲渡損として損失を計上することができること等が挙げられる。また、第二会社方式を有効に活用することによって、実質的には前記の事業再生税制における評価損及び欠損金についての特例の適用を受けるのと同様の効果を得ることができることもあり、地方における中小企業の再生案件の多くにおいて実務上採用されている。なお、この方法は法的整理の手段としても、いわゆるプレパッケージ型[22]（事前にスポンサー候補を適正に選定しておき、スポンサーの早期決定と手続期間の短縮とにより事業価値毀損の度合を抑えること）等で用いられている。デメリットとしては、①法人格を継承しないため許認可の承継ができないこと、②資産の移転に伴い不動産取得税や登録免許税等の負担が生ずること、③譲渡先において事業譲渡代金について資金調達をする必要が生ずること、④債務免除益の発生タイミングに十分留意が必要であること等が挙げられるが、実務上中小企業の再生事案では上記のデメリットがあったとしても、第二会社方式が主流を占めているようである。ただし、平成21年度に設けられた中小企業承継事業再生計画（３(5)参照）により、デメリット①から③について一定の特別措置が設けられているなどより利用しやすいように整備された。なお、この制度で対象にしているのは、産活法第２条第17項に規定する中小企業者（会社及び個人に関する定義は以下のとおりであり、資本金と従業員数の要件のいずれかを満たせば該当する。なお、この表の対象でない事業体として事業協同組合等も該当する。）のみと考えられるが、これに該当しない企業であっても減資を行うことにより当該制度を利用することも可能な場合もあると考えられる。

【産活法第 2 条第17項における中小企業者の定義】

	資本金（以下の金額以下）	従業員数（以下の人数以下）
小売業	5,000万円	50人
サービス業	5,000万円	100人
旅館業	5,000万円	200人
卸売業	1 億円	100人
製造業・建設業・運輸業・ソフトウェア又は情報処理サービス	3 億円	300人
ゴム製品製造業（自動車又は航空機用タイヤ及びチューブ製造業並びに工業用ベルト製造業を除く。）	3 億円	900人

　今まで、表立っていなかった第二会社方式は、事業再生税制が整備される前から実務的には存在し、活用されてきたが、税制の利用や当初債務者会社から新設承継会社への財産移転価格、新設会社の財務構成等の設計に他の私的整理スキームのような拘束がないだけに濫用のおそれ[23]もないわけではない。その点、実務上は当初債務者会社に法的整理を行うことで一定の規律を保とうとしていたケースが多い。

　第二会社方式の場合には、一般に解散後に債務免除を受けることが多い。その場合には、法人債務者は原則として益金から損金を差し引いて所得の計算をする「各事業年度の所得」に対して課税される法人から、原則として資産から負債・資本等及び課税済の留保金を差し引いて課税所得を計算する「清算所得」に対して課税される法人に移行するため、株主に対して残余財産の分配を行うことなく清算する場合には、通常課税は生じなかったが、平成22年度税制改正により清算所得に対する法人税が廃止され、平成22年10月 1 日以後に解散した法人については、解散後であっても益金から損金を差し引いて所得の計算をする「各事業年度の所得」に対して課税されることとなった。

　ただし、この場合においても、「残余財産がないと見込まれるとき」は期限切れ欠損金を損金の額に算入することができる（法法59③）ことから、事業譲

4．事業再生手続の背景にある事業再生税制（税制の概要と留意点）

渡によっても解消されない加算留保項目がある場合や、債務免除益等が生じた事業年度において損金算入できない費用が生じた場合等を除き、株主に対して残余財産の分配を行うことなく清算する場合には、改正前と同様に通常課税は生じない。

　なお、期限切れ欠損金を使用する場合には、残余財産がないと見込まれることを説明する書類を確定申告書に添付する必要がある（法法59④、法規26の6三）が、法的整理手続や一定の私的整理手続に伴い清算する場合には、以下の書類が当該書類として認められることが、国税庁により公表されている質疑応答事例により明確化されている[24]。

【残余財産がないと見込まれることを説明する書類】

会社更生手続開始の決定後、清算手続が行われる場合	手続開始の決定後、更生計画の認可決定を経て事業譲渡が行われ、清算が開始している場合 　「更生計画に従った清算であることを示す書面」 更生計画の認可決定前に事業譲渡が行われ、清算が開始している場合 　「会社更生の手続開始の決定の写し」
民事再生開始の決定後、清算手続が行われる場合	手続開始の決定後、再生計画の認可決定を経て事業譲渡が行われ、清算が開始している場合 　「再生計画に従った清算であることを示す書面」 再生計画の認可決定前に事業譲渡が行われ、清算が開始している場合 　「民事再生の手続開始の決定の写し」
破産手続の開始決定がなされた場合	「破産手続開始決定書の写し」
特別清算開始の命令がなされた場合（「清算の遂行に著しい支障を来すべき事情があること」のみを原因として開始の命令がなされた場合を除く。）	「特別清算開始決定書の写し」
公的機関が関与又は一定の準則に基づき独立した第三者が関与して策定された事業再生計画に基づいて清算手続が行われる場合（脚注17及び20の五つの私的整理手続等）	「公的機関又は独立した第三者の調査結果で会社が債務超過であることを示す書面」

　また、架空資産のような「実在性のない資産」の取扱いについて、過去の帳簿書類等を調査した結果、実在性のない資産の計上根拠（発生原因）等が不明である場合でも、法的整理手続又は一定の私的整理手続（脚注17及び20の五つの私的整理手続等）を経て当該資産につき実在性のないことが確認された場合には、期限切れ欠損金として取扱って差し支えない旨が国税庁により公表されている質疑応答事例により明確化されており[25]、当該取扱いは清算する場合だけでなく、これらの手続により再生する場合も同様の取扱いとなる。

　なお、清算所得に対する法人税が廃止されたことによる懸念点として、期限

切れ欠損金を利用することにより債務免除益に対する課税が生じないようにするためには、必ず確定申告を行わなければならない点が挙げられる。

上述のとおり、株主に対して残余財産の分配を行うことなく清算する場合には、原則として改正前と同様に課税は生じないが、これは、期限切れ欠損金を損金算入することが前提となるため、確定申告を行うことが要件となる。改正前の清算所得に対する法人税では財産計算による課税所得の計算の結果、課税所得が生じない場合には、仮に確定申告を行わず課税当局から決定を受けたとしても課税は生じないが、改正後においては仮に確定申告を行わず課税当局から決定を受けた場合、期限切れ欠損金を損金算入することができず、債務免除益に対して課税されることになる。この点、破産会社においては税務申告が継続していない、帳簿書類が散逸しており会計帳簿が継続していない等により、適正な会計帳簿に基づく税務申告が不可能である場合があり、このような破産会社における破産手続開始決定後の確定申告については、開始決定時点の財産の総額（時価）、開始決定後の収支（財産処分）の状況、債務の総額をもって申告書を作成することが、事業再生研究機構より提言されている[26]。

その他、第二会社方式の税務上の留意点としては、例えば買収した会社の欠損金及び含み損の利用が制限されること（法法57の2、同60の3等）等があるので、これらにも注意が必要である。

(5) 仮装経理に基づく過大申告の場合の還付と減額更正

① 法人税の取扱い

仮装経理とは、企業の財政状態・経営成績を実態よりもよく見せるために決算書に手を加える経理処理であり、単に認識を誤っただけのものや計算を誤っただけのものは該当しないものと考えられる。例としては、売上の架空計上や在庫の水増し計上などが挙げられるが、条文上は仮装経理について具体的な定義があるわけではないため、どこまでが仮装経理に該当するのかという線引きをすることは困難である。また、税務でいう仮装経理とは、一般的にいう粉飾決算に比べるとその範囲はかなり限定的になる

ものと考えられている。

　再生を行おうとする会社の中には、業績悪化を隠すために過年度において粉飾決算を行っている会社が少なくない。粉飾決算により利益が過大になっているということは、その分課税所得・納税額も過大になっているということが多い。

　一般的な計算誤りに基づく過大納付額等[27]については更正の請求を行うことができる（国通法23①）。しかし、更正の請求期限が所得等が過大となった申告書に係る法定申告期限から１年以内とかなり短い期間に限られている。

　事業再生案件等においては、長期間にわたり粉飾決算が行われていることが多く、更正の請求を行おうとしても既に更正の請求期限を経過していることが多いが、そもそも仮装経理による過大申告の場合には、法人税法第134条の２が優先して適用されることになる（国通法４）。したがって、そのような場合には所轄税務署長に嘆願書を提出し、職権による減額更正を依頼することが実務上多く行われている。ただし、仮装経理による更正の場合には、税務署長は法人が仮装経理について修正経理を行い、かつ修正経理をした事業年度の確定申告書を提出するまでは更正を行わないことができるとされているため（法法129②）、更正を受けるためには仮装経理についての修正経理を行い、当該事業年度の確定申告書を提出しなければならない。ここでいう修正経理とは、具体的には「過年度修正損益」として会計処理を行うことになる（大阪地裁　昭和62年（ワ）5710、盛岡地裁平成16年（行ウ）第９号）が、当該損益については過年度に行った仮装経理に係る修正損益であり、本来は当該処理を行った事業年度における損失として計上されるべきものではないため、法人税の申告書を提出する際には別表四で加算項目として調整をする必要がある。

　なお、職権更正の更正期限は、法定申告期限から５年（法人税の純損失等に係るものは７年以内）となっているため、それより前の期間に係る税額については更正を受けることはできないこととなる（国通法70）。

4．事業再生手続の背景にある事業再生税制（税制の概要と留意点）

　上記により税務署長が仮装経理に基づく更正を行う場合には、過大納税額のうち仮装経理に基づく部分について直ちに全額が還付されるわけではなく、更正の日の属する事業年度開始の日前1年以内に開始する事業年度に係る法人税のうち、更正の日の前日において確定しているものがあるときは、その確定している法人税に達するまでの金額が還付され（法法134の2②）、残額については更正の日の属する事業年度開始の日から5年以内に開始する各事業年度の法人税から順次控除することとされる（法法70①、この5年間の繰越控除制度の適用を既に受けている法人を以下「適用法人」という。）。そして、それでもなお控除しきれない金額がある場合においては5年経過後に残額が一括還付されることになる（法法134の2③）。

　なお、平成21年度税制改正（一部、平成22年度税制改正により変更）により、次の事実（「一定の企業再生事由」付録2(3)参照）が生じた場合には、上記の控除制度の適用を終了し、仮装経理法人税額のうち当該事実が生じた時においてまだ控除を受けていない税額について直ちに還付を請求することができることとされた（法法135④）。この規定は、平成21年4月1日以後に生ずる企業再生事由について適用する（ハについては、平成22年10月1日以後に解散する法人について生ずる特別清算開始の決定について適用する。）こととなっている（法法附則平成21年19②、法令附則平成22年27）。

イ．更生手続開始の決定があったこと
ロ．再生手続開始の決定があったこと
ハ．特別清算開始の決定があったこと（法令175②一）
ニ．再生計画認可の決定があったことに準ずる事実（その債務処理に関する計画が上記(3)に掲げる要件に該当するものに限る。つまり、評価損益税制（平成17年度税制）の適用を受ける一定の私的整理「債務処理計画」付録2(3)参照）（法令175②二）
ホ．債権者集会の協議決定で合理的な基準により債務者の負債整理を定めているもの（法令175②三、法則60の2①一）

ヘ．行政機関、金融機関その他第三者のあっせんによる当事者間の協議によるニに準ずる内容の契約の締結（法令175②三、法則60の2①二）

還付を請求しようとする適用法人は、一定事項を記載した還付請求書を納税地の所轄税務署長に提出しなければならない（法法135⑥、法規60の2②）が、更正前に一定の企業再生事由が生じていた場合には、更正に係る調査のときに把握できるため還付請求書の提出は必要ない（法法135⑦）。なお、清算中の法人の残余財産が確定した場合（法法135③一）及び破産手続開始の決定による解散をした場合（法法135③二）についても仮装経理法人税額のうち当該事実が生じたときにおいてまだ控除を受けていない税額について直ちに還付されるが、これらの場合にも還付請求書の提出は必要ない。これらの場合の還付加算金は、更正の日の翌日以降1月を経過した日（還付請求を要する場合には還付請求日の翌日以降3月[28]を経過した日）からその還付のための支払い決定をする日又はその還付金につき充当をする日までの期間を基礎として計算する（国通法58①、法法135⑧）。

② 消費税の取扱い

通常どおり法定申告期限から1年以内においては更正の請求を行い、それを超える事業年度に係る過大納税額については、嘆願により職権による減額更正を依頼することとなる。なお、消費税法には法人税法のように仮装経理に基づく過大申告の場合の更正に係る特例はないため、更正された場合には原則として即時還付が行われることとなる。

③ 地方税の取扱い

地方税（事業税・都道府県民税・市町村民税）についても減額更正がされた場合においては、当該更正による還付額については法人税同様、地方税の更正の日の属する事業年度開始の日から5年以内に開始する事業年度において順次控除されることとなる（旧地方税法53㉚、同72の24の10、同

321の8㉚)。ただし、地方税については法人税とは異なり、更正の日前1年以内に開始する事業年度に係る税額のうち更正の日の前日において確定しているものについて還付を行うという規定はないため留意が必要である。

また、地方税については、更正の請求の特例として、法人税の減額更正を受けた場合においては、国の税務官署が更正の通知をした日から2か月以内に限り都道府県知事又は市町村長に対し更正の請求を行うことができることとされている（地方税法53の2、同72の33の2、同321の8の2）。

地方税（事業税・都道府県民税・市町村民税）についても、平成21年度税制改正（一部、平成22年度税制改正により変更）により法人税と同様の改正が行われたため、上記①イからへの事実が生じた場合には、今後は税額からの控除ではなく即時還付を受けることができるようになった（地方税法53㊱㊲、同72の24の10③④、同321の8㉜㉝）。なお、地方税についても法人税と同様に、平成21年4月1日以後に生ずる企業再生事由について適用する（上記①ハについては、平成22年10月1日以後に解散する法人について生ずる特別清算開始の決定について適用する。）こととなっている（地方税法附則平成21年2③、同3③、同7③、地方税法施行令附則平成22年1三）。

【仮装経理等に係る法人税の減額更正フローチャート】

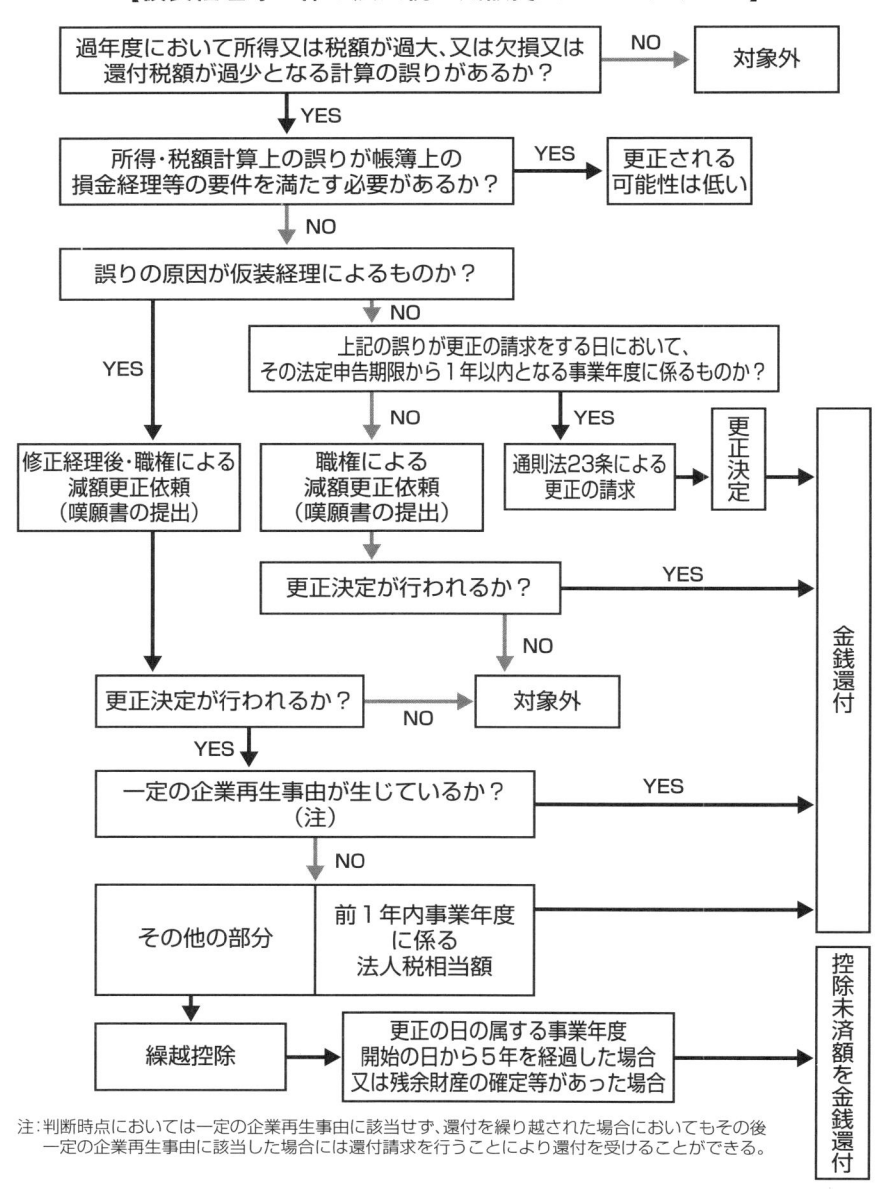

```
過年度において所得又は税額が過大、又は欠損又は     NO
還付税額が過少となる計算の誤りがあるか？      ────→ 対象外
         │ YES
         ▼
所得・税額計算上の誤りが帳簿上の          YES    更正される
損金経理等の要件を満たす必要があるか？      ────→ 可能性は低い
         │ NO
         ▼
誤りの原因が仮装経理によるものか？
    │             │ NO
    │             ▼
    │       上記の誤りが更正の請求をする日において、
    │       その法定申告期限から1年以内となる事業年度に係るものか？
    │ YES       │ NO          │ YES
    │           ▼              ▼
    │       職権による        通則法23条による    更正
    │       減額更正依頼      更正の請求    ───→ 決定
    │       （嘆願書の提出）                      │
    ▼                                            │
修正経理後・職権による        │                   │
減額更正依頼                  ▼                   │
（嘆願書の提出）       更正決定が行われるか？  YES │
    │                        │               ────┤
    │                        │ NO                │
    │                        ▼                   │
    │                       対象外                │
    ▼                                            │
更正決定が行われるか？  NO → 対象外                │
    │ YES                                        │
    ▼                                            │
一定の企業再生事由が生じているか？   YES           │
（注）                             ────────────→ │
    │ NO                                         │ 金銭還付
    ▼                                            │
┌─────────┬─────────────┐                         │
│その他の部分│前1年内事業年度│                    │
│          │に係る        │ ──────────────────→  │
│          │法人税相当額   │                      │
└─────────┴─────────────┘
    │
    ▼
┌─────────┬─────────────────────┐         控除未済
│繰越控除  │更正の日の属する事業年度│ ──→   額を金銭
│          │開始の日から5年を経過した場合│    還付
│          │又は残余財産の確定等があった場合│
└─────────┴─────────────────────┘
```

注：判断時点においては一定の企業再生事由に該当せず、還付を繰り越された場合においてもその後
一定の企業再生事由に該当した場合には還付請求を行うことにより還付を受けることができる。

4．事業再生手続の背景にある事業再生税制（税制の概要と留意点）

補　論：繰越欠損金に関する平成23年度税制改正が事業再生税制に与える影響

　本研究報告第の答申時点で「経済社会の構造の変化に対応した税制の構築を図るための所得税法等の一部を改正する法律」（以下「改正税法」という。）が公布されていなかったため、繰越欠損金の繰越控除の制限に対応した会社更生等の場合の取扱いを本研究報告に盛り込むことができなかった。今回本研究報告の内容を書籍として出版するに当たって、経営研究調査会再生支援専門部会では、改正税法も含めた方が有用と考え、補論として「繰越欠損金に関する平成23年度税制改正が事業再生税制に与える影響」を追加することとした。

　平成23年11月30日に成立し、同年12月2日に公布された改正税法による税制改正、いわゆる積み残し部分の平成23年度税制改正においては、税率引き下げに対応するための課税ベースの拡大の項目の一つとして、繰越欠損金の繰越控除の制限措置が置かれることとなった。すなわち、青色申告書を提出した事業年度の欠損金の繰越控除制度及び青色申告書を提出しなかった事業年度の災害による損失金の繰越控除制度における控除限度額について、その繰越控除をする事業年度のその繰越控除前の所得の金額の100分の80相当額とすることとされた。また、これに合わせて、これらの欠損金の繰越控除の期間が7年から9年に延長された。繰越欠損金の繰越控除の制限措置については、平成23年度税制改正大綱において、「会社更生等による債務免除等があった場合について現行どおり欠損金の損金算入ができるようにする等の所要の整備を行います。」とあったため、どのような形での税制上の対応が図られるのかが注目されていたところであるが、公布された実際の改正法令においては、会社更生等の事業再生場面における欠損金の取扱いの規定は結果として極めて複雑かつ難解な条文構成となっており、丁寧な条文の読み込みが必要である。

　本研究報告の4(2)において、青色欠損金及び災害損失金（以下「青色欠損金

等」という。）の期間制限を徒過したいわゆる期限切れ欠損金が使えるのかどうか、期限切れ欠損金を使えるとしても青色欠損金等を使い切った後でしか使えないのか、それとも青色欠損金等を使用する前に使えるのかどうか、債務免除益等に評価損を充てた後の益金に対して、期限切れ欠損金を充当するのか、それとも債務免除益等に期限切れ欠損金を充当した後に評価損を充てるのかどうかにつき、法律等による各手続制度自体の厳格性・保守性を考慮して各種手続間で差異が設けられている旨の説明があるが、改正税法は基本的にはこれらの点に関する結論を変えようとするものではない。改正税法のねらいは、期限切れ欠損金の金額の算定や取扱いが青色欠損金等の取扱いと密接に関係しており、青色欠損金等について繰越控除制限が入ったため、会社更生等の事業再生の場面においてはこの青色欠損金等の繰越控除制限の適用から除外すべく、法人税法第57条（及び第58条）と第59条との条文間の調整が図られたものであるといえる。なお、改正税法の取扱いは平成24年4月1日以降開始する事業年度について適用される。

① 平成23年度税制改正後の法人税法第59条

本研究報告で見たとおり、いわゆる「期限切れ欠損金」について、改正前においては、法人税法第59条第1項に規定する欠損金額（会社更生の場合）及び同条第2項に規定する欠損金額（民事再生又は一定の私的整理の場合）は、いずれも、前事業年度以前の事業年度から繰り越された欠損金額の合計額から青色欠損金等の期首残額（又は当期損金算入額）を控除した金額とされていたため、どの手続においても、期限切れ欠損金として算出される金額は結果として同じ金額となるような構造にあり、「59条の欠損金イコール期限切れ欠損金である」と整理することができていた。平成23年度税制改正においては、法人税法施行令の改正を通じて法人税法第59条第1項及び第2項の欠損金額につき定義変更が加えられたことで、これらの規定における欠損金額はそれぞれ全く違う金額を意味するものとなった（法令116の3、同117の2）。平成23年度税制改正後において、手続ご

4．事業再生手続の背景にある事業再生税制（税制の概要と留意点）

との法人税法第59条における欠損金額及び欠損金の損金算入額は次の算式によりそれぞれ計算される。

(a)…適用事業年度終了の時における前事業年度以前の事業年度から繰り越された欠損金額の合計額（別表五（一）①(31)［期首現在利益積立金額の差引合計額］のマイナスの金額)[29]

(b)…適用年度において法人税法第57条第1項又は第58条第1項の規定により損金の額に算入される欠損金額（青色欠損金等の当期損金算入額（別表七（一）4の計［当期控除額の計]))

A：会社更生の場合の欠損金額（法人税法第59条第1項）＝(a)
　　第59条第1項の規定による欠損金の損金算入額
　　　　以下のいずれか少ない額
　　　ⅰ　(a)
　　　ⅱ　債務免除益等＋私財提供益＋純評価益（評価損が評価益を上回る場合はゼロ）

B：民事再生又は一定の私的整理の場合の欠損金額（法人税法第59条第2項）
(イ)　評価損益の計上（同項第3号）がないときの欠損金額＝(a)－(b)
　　第59条第2項の規定による欠損金の損金算入額
　　　　以下のいずれか少ない額
　　　ⅰ　(a)－(b)
　　　ⅱ　債務免除益等＋私財提供益
　　　ⅲ　青色欠損金等損金算入額控除後の所得（別表四①(41)［総額の差引計］－(b)）

(ロ)　評価損益の計上（同項第3号）があるときの欠損金額＝(a)

第59条第２項の規定による欠損金の損金算入額
　　以下のいずれか少ない額
ⅰ　(a)
ⅱ　債務免除益等＋私財提供益＋純評価益（評価損が評価益を上回る場合は評価損を減算した額）
ⅲ　欠損金控除前の所得（別表四①(41)［総額の差引計］）

② 　平成23年度税制改正後の法人税法第57条[30]
Ａ：会社更生の場合
　法人税法第59条第１項の適用があった場合、すなわち会社更生の場合においては、同法第59条第１項の規定による欠損金額には、青色欠損金も含んだ金額となっていることから、青色欠損金相当額の全部又は一部は同法第57条の規定ではなく、同法第59条の規定によって損金に算入されることとなり、その結果、同法第59条の規定によって損金に算入される青色欠損金部分については控除前所得の80％制限を受けることはない。
　なお、同法第59条第１項の規定によって損金に算入された青色欠損金相当額については、同法第59条の適用事業年度（認可年度）以後の同法第57条の規定の適用にあたってないものとされているため（法法57⑤）、適用事業年度以後に残る青色欠損金は同法第59条の規定によって損金に算入された青色欠損金相当額を控除した金額となり、これを損金算入する場合には控除前所得の80％制限を受けることになる。

Ｂ：民事再生又は一定の私的整理の場合
(イ)　評価損益の計上（法人税法第59条第２項第３号）がないとき
　民事再生又は一定の私的整理の場合で、評価損益の計上がないときにおいては、青色欠損金相当額は法人税法第57条の規定によって損金に算入されることとなるが、同法第57条の規定によって損金に算入されることとなる金額は青色欠損金控除前でかつ同法第59条第２項の規定の適用

前の所得の金額の80％までがその限度となる。一方、同法第59条第2項の規定による欠損金額は、前事業年度以前の事業年度から繰り越された欠損金額の合計額から青色欠損金等の当期損金算入額を控除した金額とされているため、繰越控除制限により同法第57条の規定では損金算入できなかった青色欠損金がある場合には、当該部分については同法第59条第2項の欠損金額を構成することになる。したがって、債務免除益等と私財提供益の合計額と青色欠損金等損金算入額控除後の所得のいずれか小さい額を上限として、いわゆる期限切れ欠損金と繰越控除制限により同法第57条の規定では損金算入できなかった青色欠損金が同法第59条第2項によって損金に算入されることとなる。

㈹　評価損益の計上（法人税法第59条第2項第3号）があるとき

民事再生又は一定の私的整理の場合で、評価損益の計上があるときにおいては、法人税法第59条第2項（第3号に掲げる場合）の規定による欠損金額には、上記の会社更生の場合と同様、青色欠損金も含んだ金額となっていることから、青色欠損金相当額の全部又は一部は同法第57条の規定ではなく、同法第59条の規定によって損金に算入されることとなり、その結果、同法第59条第2項の規定によって損金算入される青色欠損金部分については控除前所得の80％制限を受けることはない。

なお、同法第59条第2項（第3号に掲げる場合）の適用事業年度以後に残る青色欠損金についての控除前所得の80％制限の取扱いについては会社更生の場合と同様である。

③　設例による解説

各手続における青色欠損金と期限切れ欠損金の取扱いは上記のとおりであるが、以下では、債務免除益等の計上年度において、それぞれの手続において具体的にどのような形での課税所得計算が行われるかについて、共通の前提条件を用いた設例によって説明を行うこととする。

【共通の前提条件】　　　　　　　　　　　　　　　　　　　　　（百万円）

(a)	前事業年度以前の事業年度から繰り越された欠損金額の合計額	500
(b)	青色欠損金等の期首残高	200
(c)	債務免除益等＋私財提供益	600
(d)	資産評価益（損金算入方式では益金算入されない）	30
(e)	資産評価損（いずれの手続きでも同額とする）	△150
(f)	その他所得	△220

A：会社更生の場合

　会社更生の場合においては、法人税法第59条第1項の規定による欠損金額は(a)の金額である500百万円となる。このうち損金に算入される金額は、債務免除益等、私財提供益、純資産評価益（評価損が評価益を上回る場合にはゼロ）の合計額までの金額とされているが、当該金額は600百万円となるため、同法第59条第1項の規定による欠損金の損金算入額は500百万円となる（青色欠損金相当部分も結果として同法第59条の規定によって100％損金算入されることになる。）。したがって、当該事業年度の課税所得は△240百万円となる。この欠損金額△240百万円は当該事業年度に発生した青色欠損金として翌事業年度以降9年間繰越が可能である（翌事業年度以降、欠損金の繰越制限は受けることになる。）。

59条の欠損金額	500
59条の欠損金額の損金算入額	500
59条の欠損金額損金算入前の所得	260
59条の欠損金額損金算入後の所得	△240
59条によって損金算入される青色欠損金相当額（57条5項によりないものとされる青色欠損金）	200
57条によって損金算入される青色欠損金の当期損金算入額	0
青色欠損金の当期発生額	240
青色欠損金の繰越額	240

4．事業再生手続の背景にある事業再生税制（税制の概要と留意点）

B：民事再生又は一定の私的整理の場合
(イ)　評価損益の計上（法人税法第59条第2項第3号）がないとき
　　民事再生又は一定の私的整理の場合で評価損益の計上がないときにおいては、まず、青色欠損金が先に控除されることになるが、青色欠損金控除前の所得の金額は230百万円（600－150－220＝230百万円）であることから、法人税法第57条の規定によって損金算入される青色欠損金は当該青色欠損金控除前の所得の金額の80％である184百万円である。したがって、同法第59条第2項の規定による欠損金額は316百万円（500－184＝316百万円）となる。このうち損金に算入される金額は、債務免除益等、私財提供益の合計額である600百万円と青色欠損金控除後の所得46百万円（230－184＝46百万円）のうち少ない金額までの金額とされているため、同法第59条第2項の規定によって損金に算入される欠損金額は46百万円となる。この結果、繰越控除制限を受けたことによって損金に算入されなかった青色欠損金16百万円と期限切れ欠損金の一部である30百万円が同法第59条第2項の規定によって損金に算入され、当該事業年度の課税所得はゼロとなる。同法第59条の規定によって損金に算入された青色欠損金はないものとされているため、翌事業年度に繰り越される青色欠損金はゼロとなる。

59条の欠損金額	316
59条の欠損金額の損金算入額	46
59条の欠損金額損金算入前の所得	46
59条の欠損金額損金算入後の所得	0
59条によって損金算入される青色欠損金相当額（57条5項によりないものとされる青色欠損金）	16
57条によって損金算入される青色欠損金の当期損金算入額	184
青色欠損金の当期発生額	0
青色欠損金の繰越額	0

(ロ) 評価損益の計上（法人税法第59条第2項第3号）があるとき

　民事再生又は一定の私的整理の場合で評価損益の計上があるときにおいては、法人税法第59条第2項（第3号に掲げる場合）の規定による欠損金額は(a)の金額である500百万円となる。このうち損金に算入される金額は、債務免除益等、私財提供益、純資産評価益（評価損が評価益を上回る場合には評価損を減算した額）の合計額である480百万円と欠損金控除前の所得260百万円のうち少ない金額までの金額とされているため、同法第59条第2項（第3号に掲げる場合）の規定によって損金に算入される欠損金額は260百万円となる。この結果、期限切れ欠損金の一部である260百万円が同法第59条第2項（第3号に掲げる場合）の規定によって損金に算入され、当該事業年度の課税所得はゼロとなる。本例の場合、青色欠損金については同法第57条の規定、同法第59条の規定のいずれによっても使用されないことになるため、当該事業年度において繰越欠損金の繰越控除制限の適用は受けず、これらの青色欠損金200百万円はそのまま翌事業年度に繰り越される（翌事業年度以降、欠損金の繰越制限は受けることになる。）。

59条の欠損金額	500
59条の欠損金額の損金算入額	260
59条の欠損金額損金算入前の所得	260
59条の欠損金額損金算入後の所得	0
59条によって損金算入される青色欠損金相当額（57条5項によりないものとされる青色欠損金）	0
57条によって損金算入される青色欠損金の当期損金算入額	0
青色欠損金の当期発生額	0
青色欠損金の繰越額	200

④ **繰越欠損金の繰越控除の制限措置の適用除外**

　繰越欠損金の繰越控除の制限措置については以下の法人については適用

4．事業再生手続の背景にある事業再生税制（税制の概要と留意点）

されないこととされた（法法57⑪）。

　ⅰ　普通法人のうち資本金の額若しくは出資金の額が１億円以下であるもの（大法人との間に当該大法人による完全支配関係がある普通法人、並びに普通法人との間に完全支配関係がある全ての大法人が有する株式及び出資の全部を当該全ての大法人のうちいずれか一の法人が有するものとみなした場合において当該いずれか一の法人と当該普通法人との間に当該いずれか一の法人による完全支配関係があることとなるときの当該普通法人を除く）又は資本若しくは出資を有しないもの
　ⅱ　公益法人等又は協同組合等
　ⅲ　人格のない社団等

　したがって、更生会社等であるからといって適用除外となるわけではないが、当該更生会社等が中小法人等に該当する場合には、繰越欠損金の繰越控除の制限措置は適用されないこととなるため、本制限措置の適用によって税額が発生してしまうようなケースにおいては、更生計画その他の再建計画において事業年度末までに減資を行う等の対応を行うことも考えられる。

⑤　**繰越欠損金の繰越控除の制限措置に対する経過措置**

　繰越欠損金の繰越控除の制限措置については、平成24年４月１日前に更生手続開始の決定等が生じた場合には、更生計画認可決定等の日以後７年を経過する日の属する事業年度までは適用されないこととされた（改正税法附則14）。手続ごとの具体的な適用除外事業年度は以下のとおりである。

　ⅰ　更生手続開始の決定があった場合
　　当該更生手続開始の決定があった日以後最初に開始する事業年度から当該更生手続開始の決定に係る更生計画認可の決定の日以後７年を経

過する日の属する事業年度まで（当該更生手続開始の決定を取り消す決定の確定等があった場合にはそれらの事実が生じた日の属する事業年度まで）

ⅱ 再生手続開始の決定があった場合

当該再生手続開始の決定があった日以後最初に開始する事業年度から当該再生手続開始の決定に係る再生計画認可の決定の日以後7年を経過する日の属する事業年度まで（当該再生手続開始の決定を取り消す決定の確定等があった場合にはそれらの事実が生じた日の属する事業年度まで）

ⅲ 一定の私的整理の場合

当該一定の私的整理の事実が生じた日以後最初に開始する事業年度から当該事実が生じた日以後7年を経過する日の属する事業年度まで

---

13 平成13年度4月1日前終了事業年度以前に生じた欠損金については5年。
14 会計上評価損が計上できる場合でも、棚卸資産の評価損（棚卸資産の評価に関する会計基準第9項）、固定資産の減損損失（固定資産の減損に係る会計基準の適用指針第55項、第134項）や金融商品の評価損益（金融商品に関する会計基準第15項、第70項等）の認識又は測定時点と必ずしも一致しないことに留意する。
15 財務省ウェブサイト「平成21年度税制改正の解説」（法人税法の改正　詳解　208頁）
16 民事再生同様、発生を認識する時点に差異は残る。
17 国税庁文書回答事例
「私的整理に関するガイドライン及び同Q＆Aに基づき策定された再建計画により債権放棄等が行われた場合の債務者側の税務上の取扱いについて」（平成17年5月11日）
「「中小企業再生支援協議会の支援による再生計画の策定手順（再生計画検討委員会が再生計画案の調査・報告を行う場合）」に従って策定された再生計画により債権放棄等が行われた場合の税務上の取扱いについて」（平成17年6月30日）
「「RCC企業再生スキーム」に基づき策定された再生計画により債権放棄等が行われた場合の債務者側の税務上の取扱いについて」（平成17年8月26日）
「株式会社企業再生支援機構が買取決定等を行った債権の債務者に係る事業再生計画に基づき債権放棄等が行われた場合の税務上の取扱いについて」（平成21年11月6日）
「「RCC企業再生スキーム」に基づき策定された再生計画により債権放棄等が行われた場合の税務上の取扱いについて」（平成23年9月29日）
18 国税庁文書回答事例
「「私的整理に関するガイドライン」に基づき策定された再建計画により債権放棄等が行われた場合の税務上の取扱いについて」（平成13年9月26日）

「株式会社産業再生機構が買取決定を行った債権の債務者に係る事業再生計画に基づき債権放棄が行われた場合の税務上の取扱いについて」（平成15年5月8日）
「中小企業再生支援協議会で策定を支援した再建計画（A社及びB社のモデルケース）に基づき債権放棄が行われた場合の税務上の取扱いについて」（平成15年7月31日）
「「RCC企業再生スキーム」に基づき策定された再生計画により債権放棄等が行われた場合の税務上の取扱いについて」（平成16年3月24日）

19　国税庁文書回答事例
「産業活力再生特別措置法において債権放棄を含む計画が認定された場合の資産評価損の計上に係る税務上の取扱いについて」（平成15年4月17日）

20　「特定認証紛争解決手続に従って策定された事業再生計画により債権放棄等が行われた場合の税務上の取扱いについて」（平成20年3月28日）及び「特定認証紛争解決手続に従って策定された事業再生計画により債権放棄等が行われた場合の税務上の取扱いについて」（平成21年7月9日）

21　「「個人債務者の私的整理に関するガイドライン」に基づき作成された弁済計画に従い債権放棄が行われた場合の課税関係について」（平成23年8月16日）

22　米国連邦倒産法のプレパッケージ型（Pre-solicited or Pre-packaged Chapter 11）とは、必ずしもスポンサー選定に着目した制度ではなく、手続申立て前の段階で再建計画を策定し、債権者の投票まで済ませてしまい、チャプター11の申立て後に、あらためて再建計画への投票は行わないというものである（United States Code TITLE 11 – BANKRUPTCY CHAPTER 11 – REORGANIZATION SUBCHAPTER II - THE PLAN Section1126）。ただし、一定のDisclosure Statementsによる開示を要件としている。日本の倒産法では、手続申立て前の債権者の投票は認められていない。一方、プレネゴシエイト（Pre-negotiated）型とは、事前に再建案の大枠について主要な関係者の合意を取り付けた上で、申立てを行う方法であり、申立て後は通常型と同じ進行となる。チャプター11手続に入ってから業績・キャッシュフロー等について合意の前提が崩れるようなことがあると手続が却って難航する可能性がある。また、クラムダウン（Cram-Down Plan）とは、クラス分けされた少なくとも一つのクラスで再建計画案への賛成があった場合には、他のクラスの反対があった場合でも一定の要件の下裁判所が計画案を認可するという制度である。（西村あさひ法律事務所ニューズレター2009年3月）

23　例えば、実務上問題となっている事例として「詐害的な会社分割」がある。これは、吸収分割会社又は新設分割会社（以下「分割会社」という。）が、吸収分割承継会社又は新設分割設立会社（以下「承継会社等」という。）に承継されない債務に係る債権者（以下「残存債権者」という。）を害することを知って会社分割を行う場合であり、事業譲渡の場合も同様の事情が発生し得る（平成23年8月31日法務省法制審議会会社法制部会資料12）。民法上の詐害行為取消権（民法424）の行使等による保護を認める裁判例（東京高裁平成22年10月27日判決・金判1355号42頁等）、承継債権者の保護に関しては、新設分割において、新設分割設立会社が承継した資産が、同社が免責的に承継した債務を弁済するには不十分であったこと等を考慮し、新設分割会社が当該債務を免れる目的で当該新設分割をしたことを認定して、法人格否認の法理により、当該新設分割会社が当該債務の履行義務を負うものとした裁判例（東京地裁平成22年7月22日判決・金法1921号117頁）等の複数の見解があり、法務省法制審議会会社法制部会において立法的手当てが検討されている。

24 「平成22年度税制改正に係る法人税質疑応答事例（グループ法人税制その他の資本に関係する取引等に係る税制関係）」（平成22年10月6日）問10
25 「平成22年度税制改正に係る法人税質疑応答事例（グループ法人税制その他の資本に関係する取引等に係る税制関係）」（平成22年10月6日）問11
26 「平成22年度税制改正後の清算中の法人税申告における実務上の取扱いについて」事業再生研究機構（平成22年7月）
27 申告書に記載した課税標準等若しくは税額等の計算が国税に関する法律の規定に従っていなかったこと又は当該計算に誤りがあったことにより、当該申告書の提出により納付すべき税額（当該税額に関し更正があった場合には、当該更正後の税額）が過大であるとき等（国通法23①）。それ以外にも同条第2項記載の後発的事由に基づくものなどがある。期間徒過等により更正の請求ができない場合の減額更正に関しては、行政事件訴訟法第37条の2による義務付け訴訟の対象とはならないと解するようだ（税務大学校　論叢　佐藤謙一「減額更正等の期間制限を巡る諸問題—更正の請求期間を経過した後などに提出される「嘆願書」の取扱いを中心として」平成21年6月20日　酒井克彦「行政事件訴訟法改正と租税訴訟（上）」平成17年6月29日など）。
28 欠損金の繰り戻し還付（法法80）の還付加算金の計算と同様。
29 ただし、当該金額が、青色欠損金等の金額に満たない場合には、青色欠損金等の金額によるものと考えられる。
30 以下では、説明の便宜上、法人税法第58条に規定される青色申告書を提出しなかった事業年度の災害による損失金の繰越しについて直接の言及はしないが、特に断りのない限り、本補論において言及している取扱いについては法人税法第57条と同様である。

5 各種倒産手続における会計と資産の評定の概要

（1）各種の倒産手続

　倒産手続とは、窮境に陥り債務の弁済について一定の変更を経なければならなくなった企業等の債務処理の手続であり、債務処理は整理と呼ばれる。法的整理は、1(1)に記載のとおり、大きく再建型と清算型とに分類される。再建型としての手続は、会社更生手続、民事再生手続があり、清算型としての手続は、破産手続や特別清算手続がある。

　会社更生法では、会社法の特別法[31]として位置付けられており、開始決定時における財産評定結果を取得価額と看做して、会計帳簿に取り込む。その会計帳簿から作成される貸借対照表は、企業の実態や財政状態の把握等のために用いられる。その財産の評定基準も、時価としている。この時価は、清算を前提とする処分価額とは異なるもので、継続企業を前提とする時価となっている。一方、民事再生手続は会社更生法のような厳格な手続ではなく計算規定が明文化されていないため、民事再生手続に至った会社は、資産及び負債の会計上の評価替えは強制されない。

　これに対して、一定の私的整理においても、民事再生手続と同様、計算規定はなく、継続企業を前提のもと、資産及び負債の会計上の評価替えは強制されない。

　一方、清算型は、継続企業の前提が成立していないことから、会社法に基づき処分価格にて評価し、当該価格を取得価額とみなして会計帳簿に取り込むことになる（会社則144②）。この会計帳簿から作成される貸借対照表は、残余財産の分配額の計算に用いられる。

（2）倒産手続における資産の価額の評定の概要

　事業再生手続とは、法的な主要側面においては権利の変更手続である。すなわち、金利の減免、返済期限の猶予・変更、究極的には債権の放棄（債務の免除）を求める手続である。そして、この権利の変更は、貸借対照表の貸方における債務免除益の計上による負債の減少（及び純資産の増加）として企業財務に反映される。一方で、債務免除を求めるに至った企業においては、資産に毀損が生じていることが通例であり、資産の評価減が実施され、貸借対照表の借方における資産の減少が生じる。

　具体的に売上不振に陥り債務免除を要請するに至った製造業を例に考える。設備投資資金として調達した借入金により設備を購入したが、当該設備による収益は当初期待した水準に達せず、このため資金繰りに窮して更に借入金が増加し、ついには借入金の弁済が困難となった状態が想定される。この場合、（減損会計などによる時価評価が行われていない場合には）貸借対照表には、取得価額に基づく評価ほどの価値を有さない、つまり、含み損を抱えた資産が借方に、収益力に比して過大な負債及び資本の欠損（又は債務超過）が貸方に認識されているであろう。当該企業の再建に当たり策定された債務免除を伴う再建計画においては、PL面の改善、つまり、近い将来に一定の利益の獲得が見込まれることと併せて、BS面の改善、つまり、一定の財政状態の改善が見込まれることが通常である。言い換えると、一定の財政状態の改善を達成するために債権者に対し債権の放棄を求めるのであるが、その放棄額の総体につき、債務超過額あるいは欠損金額が基準とされることが多い。この尺度となる貸借対照表を法的整理や私的整理における資産の評定基準に基づき作成することが、資産の評定の重要な意義の一つである。一般的に事業再生の場面において、真に債務超過の解消をなすには、毀損した資産の評価減額後の債務超過の解消、つまり、資産の評定を踏まえた貸借対照表における債務超過の解消が必要なのである。

　法的整理においても、私的整理においても、資産の評定が行われるのは、こ

のような事業再生の財務的な側面の現れである。このように、資産の評定とは第一義的には再建計画の策定の基礎となる実態貸借対照表を作成するに当たっての資産の評価及び負債の評価をいうものとする。そして、以下に述べるとおり、再建計画の策定においては、関係者への情報提供として清算価値保障の原則の確認のために清算貸借対照表を作成するため、実態貸借対照表とは異なる基準で資産評価を行う場合がある。さらに、弁済総額の基礎として事業価値の算定を行うこともある。これらの資産の評価を含めた資産の評定を広義の資産評定ととらえることにする。

　まず、資産の価額の評定手続について法的整理（会社更生手続と民事再生手続）と私的整理について大きく分けて概要を示す。
　法的整理の会社更生手続においては、会社更生法第83条第1項において「管財人は、更生手続開始後遅滞なく、更生会社に属する一切の財産につき、その価額を評定しなければならない」と規定されている。旧会社更生法と条文は変わったが、会社更生法では一貫して財産の評定を求めており、更生手続においてこのような資産評定を財産評定手続といってきた。そして、更生手続においては、会社更生法施行規則により財産評定された価額、すなわち時価基準にて評定された価額を取得価額としてみなすことが規定されている（これを通称、計算規定という。旧会社更生法においては、本法に同様の取得価額とみなす規定があった。）。よって、会社更生手続では、財産評定結果を会計帳簿に取り込み評定損益を計上することになる。税務上も評価損益の計上が認められる。
　これに対して、民事再生手続においても民事再生法第124条に「再生債務者等は、再生手続開始後（括弧内省略）遅滞なく、再生債務者に属する一切の財産につき再生手続開始の時における価額を評定しなければならない」と、会社更生法と同様に資産評定の規定がある。民事再生法に先行した和議法にはなかった制度である。しかし、財産の評定の結果を会計帳簿に取り込む計算規定はない。民事再生規則第56条によって民事再生手続における財産の評定は、処分価額を基準とすることが規定されている。その評定の目的は清算価値保障原則

に基づき、破産の場合に比し、経済的なものであることを確認するものとされている。したがって、財産の評定の結果を会計帳簿に取り込むことはない。

民事再生手続においても再生計画案の基礎となる貸借対照表を作成し、資産の評定を行う場合が通例である。この場合に、税務上、評価損益の計上が求められる場合があるが、会計処理においては、後述(4)のとおりGAAPによる範囲内の評価損は計上され、評価益の計上はないとされている。

以上、会社更生法と民事再生法において財産評定手続といわれる資産評定が行われるが、会社更生法と民事再生法とではその目的、効果が異なる。

次に、私的整理ガイドラインに基づく私的整理では、ガイドラインQ16で実態貸借対照表を作成することが求められており、その目的は実質的な財産状態を把握することなどにある。なお、税務上の評価損益の計上が認められる準則として、国税照会を行っている手続には、私的整理ガイドライン、事業再生ADR、企業再生支援機構、RCC企業再生スキーム、協議会の支援による再生計画の策定手順、が存在しており、それぞれが資産評定基準を設定している。このうち、事業再生ADR、企業再生支援機構、RCC企業再生スキームは同様の資産評定基準を用いている。一方、私的整理ガイドラインと、協議会の支援による再生計画の策定手順の資産評定基準は、他と若干異なるが、現状ほぼ利用されていない。

法的整理、私的整理を問わず、資産の評定は大きな課題となる。それは、第一には、すでに述べたとおり、債務免除を受ける場合には債務免除額と資産評価が表裏一体であるからである。そして、第二には、通常重要な資産である設備資産（土地、建物等）は担保に提供されている場合が多いからである。更生手続においては担保権の目的物の時価相当が更生担保権となり通常全額弁済対象となる。民事再生手続では、担保権の目的物の評価額相当が別除権として、再生手続とは別に取り扱われ弁済対象となる。よって、資産評定は権利の範囲の確定に直結することになるからである。

一方、事業再生においては、清算価値保障の原則の確認が求められる。前述のとおり民事再生手続では処分価額に基づく資産評定（民事再生法における財

産評定）が求められている。会社更生手続では、会社更生規則第51条によって「裁判所は、必要があると認めるときは、更生計画案を提出した者に対し、会社更生法第83条第１項の規定による評定と異なる時点又は異なる評価の基準による更生会社に属する一切の財産の評価その他の更生計画案の当否の判断のために参考となるべき事項を記録した書類を提出させることができる」と規定されており、この規定に基づき通常、清算貸借対照表の作成が求められる。私的整理ガイドラインではガイドライン７(7)、事業再生ADRでは、「事業再生に係る認証紛争解決事業者の認定等に関する省令」（平成19年経済産業省令第53号）（平成23年７月14日経済産業省令第42号最終改正）の第13条第４項によって、清算価値保障の原則のための情報提示が求められ、通常、清算貸借対照表が作成される。これら清算価値情報のために処分価額による資産評価が必要となる。

（３）会社更生手続における資産評定（財産評定）と会計

① 概要

　会社更生法施行規則第１条（財産の評価）では、更生計画の認可決定時の貸借対照表及び財産目録に記載し、又は記載すべき財産の評価については、会社計算規則第５条及び第６条（資産及び負債の貸借対照表価額）の規定を準用するものとし、この財産について法第83条第１項の規定により財産評定した価額を取得価額とみなすものとするとしている。すなわち、財産評定価額をもって資産の新しい取得価額とし、以後は、減価償却等の適正な計算を行っていくことを定めている。

　資産の全面的評価替えが行われるのであるが、当初から時価評価と規定されていたわけではない。平成15年改正前の財産評定規定は旧会社更生法第177条であるが、同条第２項において「前項の規定による評定は、会社の事業を継続するものとしてしなければならない」と規定されていた。よって、旧会社更生法時代は継続事業価値による評価といわれていた。この継続事業価値概念も昭和42年改正によって導入されたものであり、さらに、この継続事業価値概念も、平成15年改正によって時価概念へと変わる。

平成15年改正後の財産評定に関する条文第83条の第2項に「前項の規定による評定は、更生手続開始の時における時価によるものとする」と規定された。
　なお、この変遷については、「会社更生法改正要綱試案」（以下「更生改正要綱試案」という。）及び「会社更生法改正要綱試案補足説明」（以下「補足説明」という。）にその主意が示されている。

② 　時価概念

　ここで、時価とは何かが問題である。「試案」では注記において「時価」概念については、更に具体的な規定を設けるか否かについては、なお検討するものとすると記されている。しかし、会社更生規則にも時価概念の規定は特になく、時価については理論及び今後の実務に任され、日本公認会計士協会では、平成16年5月（改正平成19年5月）に経営研究調査会研究報告第23号「財産の価額の評定等に関するガイドライン（中間報告）」（以下「財産評定等ガイドライン」という。）を策定、公表を行った。
　財産評定等ガイドライン第52項で、会社更生法第83条の時価には、「①企業会計の「時価」を意味するものと、②企業会計上「時価」ではないが、代替的に又は特定的にある価額によるもの（省略）とが考えられる」と記載されており、①のみならず②を含めている。企業会計の時価について、同ガイドライン第53項で、「企業会計の時価とは、公正な評価額をいう。通常、それは観察可能な市場価格をいい、市場価格が観察できない場合には合理的に算定された価額をいう」としている。よって、財産評定における時価は基本的に企業会計における種々の会計基準における時価と同様となっている[32]。
　また、会計制度委員会研究報告第11号では、更生会社は「更生計画の認可決定時においては、更生債権者、更生担保権者等に移転した更生会社の資産等を更生計画の下で再構築し、収益性を改善した後に、新たなる会社所有者へ事業全体が譲渡され、この会社所有者が再構築後の事業を取得したと解釈することもできる」とし、資産の全面的評価替えが会計上も容認されること

を「取得」に求めている。すなわち、企業結合会計における「取得」と同一に捉え、パーチェス法評価につながるものと位置付けられる。

（4）民事再生手続における資産評定と会計

① 会社更生手続との相違

会計制度委員会研究報告第11号は、民事再生手続を次のように会社更生手続と比較し、その違いを明示している。

　イ．原則として旧経営者は退任せず引き続き会社の経営を担当するなど更生会社と異なり裁判所の積極的な関与はない。

　ロ．計算書類の作成や定時総会の開催など商法が予定している一連の手続は中断せず継続することとなっている。

　ハ．会社更生手続のように財産評定の結果を貸借対照表に反映させることが法令により強制されない。

そして、民事再生手続は会社更生手続のように、旧所有者から新所有者に事業等の譲渡が行われたと擬制すること（譲渡擬制論）は困難と考えられ、継続企業の前提が成立していない会社として位置付け、会計上すべての資産及び負債の評価替えを強制することは適当でないとしている。しかし、一方で資産の劣化が著しい状況に陥っているものと考えられるため、資産の評価額に対する配慮を必要としている。すなわち、会社更生手続におけるような資産の評価増額は考えられず、いわば減損会計による資産評価減額が継続企業の前提に基づく会社法会計として実施されるものと考えている。

② 民事再生手続における資産評定の在り方

民事再生では、事業年度が民事再生手続の開始決定で終了し、認可決定までが一事業年度という扱いもない。担保権は再生手続の対象とはならない（このような債権を「別除権」という）。

しかしながら、民事再生手続を遂行する会社においても、担保権者とは個別に協議が行われ担保権対象物の評価が行われ、担保権対象物の評価額相当

額が別除権として弁済スケジュールが協議決定され、評価額を超える金額は再生債権として扱われる。すなわち、更生担保権の多数決原理こそないものの、実際には更生手続同様の結果となる場合が多々あるものと思われる。

　民事再生法には計算規定がなく、時価による評定が求められるものではない。また、民事再生手続においては、すべての資産の評定を行い、資産評価相当額の弁済を行い、残額は放棄を受けるという基本理念は法文上は明らかでない。しかしながら、民事再生手続において、一定の資産について評価替えを行う実態貸借対照表を作成し、その結果としての債務超過額や欠損金額を債務免除の基準とする実務も多く見られる。

　個々の資産の評定に当たり、時価評価により評価減額を行う場合には「財産評定等ガイドライン」が参考になる。なお、担保権対象である土地の取得から相当の年数がたっている場合では、担保権対象の評価としては簿価よりも高い場合もあるであろう。会計制度委員会研究報告第11号は民事再生会社における資産の評価増額（評価益の計上）はありえないものとしているが、法人税法第25条第3項が申告調整による資産評価益の計上を認めているのは、民事再生手続において資産の評価増額を含む資産評定に基づき、債務の免除額の算定が行われることを想定しているのである。

(5)「一定の私的整理」における資産評定と会計

　会計制度委員会研究報告第11号は、「一定の私的整理手続」を開始した会社については、研究の対象とはしていない。したがって、「一定の私的整理手続」を開始した会社が私的整理の成立以前に決算を迎えた場合の会計処理については不明である。しかし、民事再生手続の開始に至った会社と財政状態が同様の場合とすれば、私的整理の対象会社の会社計算は会社法に準拠することになるのであるから、民事再生手続と同様と考えるのが同研究報告の主旨に沿ったものと考える。よって、資産評定の結果を受け、資産の評価減を減損会計の一環として会計処理することはあっても、資産の評価増は予定してないものと思われる。

(2)で述べたとおり、税務上資産の評価損益を計上する「一定の私的整理」の各手続においては、債権放棄を求める場合には資産評定の基準に基づく資産評定を行い、実態貸借対照表を策定することが要求されている。例えば、事業再生ADRでは「事業再生に係る認証紛争解決業者の認定等に関する省令」第14条第１項第１号において、「債務者の有する資産及び負債につき、経済産業大臣が定める基準による資産評定が公正な価額によって行われ、当該資産評定による価額を基礎とした当該債務者の貸借対照表が作成されていること」と定め、基準も公表している。

　この事業再生ADRの資産評定基準は、会社更生手続における財産評定と内容は近似したものである。そして、他の私的整理である企業再生支援機構と、RCC企業再生スキームについても、事業再生ADRの資産評定基準に合わせた改正を行っており、一定の私的整理における資産評定基準は均一化に向かっている。

（６）不動産鑑定評価制度との関係

　事業再生手続における財産の評定や実態貸借対照表の作成において、不動産の時価評価が大きなポイントになることが多い。そのような場合には、不動産鑑定評価を依頼するケースがあるが、各手続の財産評定における、鑑定評価の価格時点、価格の種類、求める価格の種類等[33]をまとめると下表のとおりとなっている。

手続	価格時点	価格の種類（原則）	関連条文	求める価格
民事再生	再生手続開始時点	特定価格	124①	早期売却を前提とした処分価格
			民事再生規則56①ただし書	事業を継続するものとしての処分価格
会社更生	更生手続開始時点	正常価格	83②	時価
破産	破産手続開始時点	特定価格	153①	早期売却を前提とした処分価格
特別清算	清算開始時点	特定価格	492①	早期売却を前提とした処分価格
私的整理	資産評定の基準日等	正常価格	―	時価が原則

　不動産の鑑定評価で求められる価格は、通常、正常価格（不動産鑑定評価基準[34]では、「市場性を有する不動産について、現実の社会経済情勢の下で合理的と考えられる条件を満たす市場で形成されるであろう市場価値を表示する適正な価格」と定義されている。）であるが、事業再生手続における財産の評定においては、どのような依頼目的であるかにより価格の種類が異なってくる。

　会社更生法の財産評定においては、不動産の時価評価を行う趣旨から、原則として正常価格が求められているが、このほかの処分予定財産の評価等の法令に基づく場合は、特定価格（不動産鑑定評価基準では、「市場性を有する不動産について、法令等による社会的要請を背景とする評価目的の下で、正常価格の前提となる諸条件を満たさない場合における不動産の経済価値を適正に表示する価格」と定義されている。）を求めるものとされていることが多い。

　不動産鑑定評価基準においては、事業再生に関して特定価格を求めるケースとして、以下の二つ[35]が例示されている。その他の上の表の価格の種類は、社団法人日本不動産鑑定協会の各留意事項に基づく。事業再生の事案で正常価格と早期売却を前提とした特定価格の評価水準の差異はケースバイケースだが、40％以上の差異となることも珍しくない。これは競売評価で競売であることに

よる減価要因（競売市場修正[36]）が30％から40％程度とされていることにも概ね符合する。

イ．民事再生法に基づく評価目的の下で、早期売却を前提とした価格を求める場合
　　債務者が破産した状況を前提に、直ちに不動産を処分し、事業を清算することを想定して、不動産の種類、性格、所在地域の実情に応じ、早期の処分可能性を考慮した市場を前提とした処分価格として求められる。
ロ．会社更生法又は民事再生法に基づく評価目的の下で、事業の継続を前提とした価格を求める場合
　　イと同じく、債務者が破産した状況を前提とした、早期の処分可能性を考慮した処分価格であるが、事業継続価値は最有効使用を前提とするわけではなく、当該事業の継続を前提として求められる価額であるという点でイと異なる。

　以上、会社更生法では、平成15年改正により財産評定は時価によることとなり、不動産の価格は、不動産鑑定上は「正常価格」であることが社団法人日本不動産鑑定協会の公式見解となった。不動産鑑定においては、価格概念を明示しなければ鑑定意見を形成できない。時価の社会的通念、及び既存の会計基準における時価概念からしても、財産評定が要求する時価は鑑定基準における「正常価格」であろう。
　なお、私的整理ガイドライン、同Q&A及び協議会の支援による再生計画の策定手順では、有形固定資産について「時価（法定鑑定評価額[37]、またはそれに準じた評価額）に調整する。売却予定の物件は早期売却を前提とした価格等に調整する」とし、RCC企業再生スキームでは事業用不動産（投資不動産及び遊休不動産を含む。）については、「事業継続を前提に、不動産鑑定士による鑑定評価額、簡易鑑定評価額等を時価とする」としている。また、(2)に記した事業再生ADRについての資産評定に関する基準にもより詳細に記述されてい

るが、総じて必ずしも正規の不動産鑑定評価を求めるものではない[38]。

（7）機械装置等設備資産の評定

　各事業再生手続における資産評定において、機械装置、器具備品等の評定も問題となることが多い。

　財産評定等ガイドラインは第121項で、「その他償却資産の第83条時価は、その償却資産と同様の能力を有する資産の観察可能な市場価格によるか、市場が存在しない場合には、再調達価額を求めた上で、当該資産の取得時から評定時点までの物理的、機能的、経済的減価を適切に修正した価額、又は償却資産から獲得されるキャッシュ・フローに基づいて収益還元価額によることができる」と記している。

（8）事業全体の価値とのれん

　会社更生手続では、更生計画を作成するために、財産評定の結果を会計帳簿に取り込んで算定した資産の総額のほかに、通常、事業全体の価値と処分価額を算定する。これらの価額や価値は、認可決定時前の基準日を設けて算定される。また、事業全体の価値は、収益価値とされ、通常DCF法にて算定される。通常、更生会社が計上するのれんは、上記資産の総額と事業全体の価値との差額として認識・測定される。なお、会社更生法施行規則第1条第3項において、認可時貸借対照表の資産又は負債の部にのれんを計上することができると規定している。また、更生会社においては、上記の資産総額や事業全体の価値を用いて、過剰債務を算定し、その額に基づき弁済予定額と債務免除額を試算する。資産総額、のれん、事業全体の価値と免除される債務の関連を図解すると以下のとおりである。

　その際、弁済予定額が、清算時の残余財産の分配額を下回ることがないように、処分価額が算出され、清算価値保障の原則が遵守されているかがチェックされる。

5．各種倒産手続における会計と資産の評定の概要

資産	事業全体の価値	弁済及び免除	負債
資産総額	事業全体の価値	弁済予定額	負債総額
のれん			
		債務免除額	

（9）国際的な潮流

　米国連邦破産法（チャプター11　Reorganization）手続を経て再生することが見込まれる公開又は非公開企業は、米国財務会計基準審議会（FASB）コーディフィケーション（ASC）852「事業再生（Reorganization）」に従い会計処理を行う。このASC852では、これら再生企業はフレッシュスタート会計を適用し、公正価値基準による企業の再生価値（Reorganization Value）の決定を行い、その新しい簿価により財務報告をすることになっているが、これは日本の会社更生法の場合に類似する。国際財務報告基準（IFRS）の適用時期の延期がされているものの、今後の動向次第では、日本の会計制度においても同様の議論が生じる可能性もある。

31　会社計算規則第4章「更生計画に基づく行為に係る計算に関する特則」の第56条ではこの省令の規定にかかわらず、更生計画の定めるところによるべきものとして、更生会社が更生計画に基づき行う行為についての当該更生会社が計上すべきのれん、純資産を挙げている。

32　現代会計は、金融商品の評価を中心に時価による評価が会計処理に組み込まれた。金融商品については一般に証券市場あるいは店頭市場における価格の形成が行われ、観察可能な市場価格が把握がされやすく、かつ、その市場価格による評価がなじみやすい。しかし、伝統的会計の対象である事業資産についての市場価格の把握はかなり複雑となる。棚卸資産の市場価格も観察可能な場合があろうが、その取引相場価格をそのまま財産評定価額とすることにはならない場合が多い。機械装置等設備資産については、観察可能な市場価格がない場合が多いと思われる。そこで、財産評定等ガイドラインは、種々の資産の時価、あるいは評価額算定の方向性を提示しているのである。

33　社団法人日本不動産鑑定協会による「民事再生法に係る不動産鑑定評価の留意事項について」（平成12年8月10日）、「会社更生法に係る不動産の鑑定評価上の留意事項」（平成15

年7月)「破産法に係る不動産鑑定評価上の留意事項」(平成17年11月)及びこれらを取りまとめた「倒産手続における不動産の鑑定評価上の留意事項」(平成19年9月)がある。

34　不動産鑑定評価基準とは、国土審議会土地政策分科会の不動産鑑定評価部会で審議されるもので、最終的には国土交通事務次官通知等として不動産鑑定士等に発出されるが、上の留意事項のすべてが通知されているわけではない。不動産鑑定評価基準及び不動産鑑定評価基準運用上の留意事項(上の注の社団法人日本不動産鑑定協会が発出した各留意事項とは異なる。)は、不動産鑑定士が不動産の鑑定評価を行うに当たっての統一的基準であるとともに、不動産の鑑定評価に関する法律(昭和38年7月16日法律第152号)第40条第1項及び第2項の規定に基づき不当な不動産鑑定評価についての懲戒処分を行う際の判断根拠となるものとされている。なお、国土交通省では平成21年4月8日に「不動産鑑定士が不動産に関する価格等調査を行う場合の業務の目的と範囲等の確定及び成果報告書の記載事項に関するガイドライン(案)」の意見募集を行っているが、これには必ずしも不動産鑑定評価基準にすべて準拠しているとは限らない価格調査(いわゆる「調査報告書」、「意見書」、「価格調査書」等)の指針が示されており、それに対応して社団法人日本不動産鑑定協会では「価格等調査ガイドラインの取扱いに関する実務指針(案)」の意見募集を行っている。

35　これら以外には「資産の流動化に関する法律又は投資信託及び投資法人に関する法律に基づく評価目的の下で、投資家に示すための投資採算価値を表す価格を求める場合」が例示されている。

36　民事執行法第58条第2項参照。ただし、市況が悪い地域では50%前後になることもあり、逆に好況時においては競売に至る担保物件が少なくなるほか、任意売却と変わらない水準で落札されることも多い。

37　金融庁の主要行等向けの総合的な監督指針(Ⅲ-2-3-2-3　不良債権処理と企業再生(産業と金融の一体的再生))等で用いられている用語で、「法定鑑定については、検査マニュアルにおいて、「『鑑定評価額』とは、不動産鑑定評価基準(国土交通事務次官通知)に基づき評価を行ったものをいい、簡易な方法で評価を行ったものを含まない」とされたことに留意すること。」とされている。

38　「事業用不動産」に関しては、以下のように規定する。
　1　原則として、不動産鑑定士による不動産鑑定評価額及びこれに準じる評価額(以下「不動産鑑定評価額等」という。)により評定する。
　2　この場合、不動産鑑定評価等における前提条件、評価方法及び評価額が、本評定基準の評定方法に照らして適合していることを確認する。
　3　重要性が乏しい等により、不動産鑑定評価額等を取得する必要がないと判断される場合には、不動産鑑定評価基準にある評価手法を適用して評定した額、土地について地価公示等の土地の公的評価額に基づいて適正に評価した額、償却資産について適正に算定した未償却残高等を合理的に算定した価額として評定額とすることができる。
　4　なお、事業内容等に照らして評定単位について特に留意するものとする。
「投資不動産」の評価については、以下のとおりである。
　1　原則として不動産鑑定評価額等により評定する。
　2　重要性が乏しい等により、不動産鑑定評価額等を取得する必要がないと判断される場合には、不動産鑑定評価基準にある評価手法を適用して評定した額、土地について地価

5．各種倒産手続における会計と資産の評定の概要

公示等の土地の公的評価額に基づいて適正に評価した額、償却資産について適正に算定した未償却残高等を合理的に算定した価額として評定額とすることができる。

6 事業再生における各種債務処理及び組織再編の手法

　事業再生においては、債務の圧縮、収益力ある事業と撤退事業の区分等が伴い、それらには各種の方策が存在するのは既述のとおりである。いずれの方策を採用するかは、債務者企業のみならず債権者や株主における影響を考慮して検討する必要がある。本項では、事業再生に伴うそれらの方策の、主として債務の整理の会計・税務に与える影響及び事業再生の担い手の一つであるファンドに関する考察を行う。

(1) 債権放棄・債権譲渡

① 債権放棄

　　債権放棄は、法的整理の手続により債権が切り捨てられる場合、私的整理の手続により債権者集会等の協議決定等により債権が切り捨てられる場合、債務者に対して書面により通知する場合等がある。債務者側では会計上（金融商品に関する会計基準（以下「金融商品会計基準」という。）第10項、会計制度委員会報告第14号「金融商品会計に関する実務指針」（以下「金融商品実務指針」という。）第4項）、税務上ともに法的効果に基づいて債務免除益を計上することになるが、一定の場合には、期限切れ欠損金の青色欠損金に対する優先利用（「債務処理計画」付録2(3)参照）又は劣後利用（「合理的資産整理」付録2(3)参照）の途がある（4(2)参照）。

【会計上の取扱い】

　　債権者側における会計上の取扱いは、金融資産の契約上の権利を喪失したときにその消滅を認識するので、基本的には私法上の効果に従うことになる（金融商品会計基準第8項及び第56項）。また、回収可能性の乏しい

債権について貸倒引当金の設定や貸倒処理することも必要となるが、税務上の要件を満たさない場合には、有税での処理となる。

【税務上の取扱い】
　債権者側では貸倒損失については、法人税法第22条第4項の公正処理基準に係る解釈通達として、法人税基本通達において損金算入の要件が定められており、法的基準（法基通9－6－1）、実質基準（法基通9－6－2）、形式基準（法基通9－6－3）の三つに分けられる。

イ．法的基準
　法人税基本通達9－6－1によるものであり、一般に法的基準と呼ばれている。法的手続等の外的要因により請求権の一部若しくは全部が消滅し、貸倒額が決定するので損金経理要件はなく、私的整理でも一定の合理的基準に基づくものであれば貸倒損失として損金算入する（「合理的負債整理」付録2(3)参照）。また、債務超過の状態が相当期間継続せず、その金銭債権の弁済を受けることができないと認められる場合までに至らず、法人税基本通達9－6－1(4)に該当しない場合でも（したがって、税務上の貸倒損失には該当しない）、子会社等に対する債権放棄については、法人税基本通達9－4－1、9－4－2（「合理的再建計画」付録2(3)参照)[39]に定める寄附金課税の例外（子会社等支援損失）に該当する可能性がある。

9－6－1（金銭債権の全部又は一部の切捨てをした場合の貸倒れ）
　法人の有する金銭債権について次に掲げる事実が発生した場合には、その金銭債権の額のうち次に掲げる金額は、その事実の発生した日の属する事業年度において貸倒れとして損金の額に算入する。（昭55年直法2－15「十五」、平10年課法2－7「十三」、平11年課法2－9「十四」、平12年課法2－19「十四」、平16年課法2－14「十一」、平17年課法2－14「十二」、

平19年課法2-3「二十五」、平成22年課法2-1「二十一」により改正）
(1) 更生計画の認可の決定又は民事再生法の規定による再生計画の認可の決定があった場合において、これらの決定により切り捨てられることとなった部分の金額
(2) 特別清算に係る協定の認可の決定があった場合において、これらの決定により切り捨てられることとなった部分の金額
(3) 法令の規定による整理手続によらない関係者の協議決定で次に掲げるものにより切り捨てられることとなった部分の金額
 　イ　債権者集会の協議決定で合理的な基準により債務者の負債整理を定めているもの
 　ロ　行政機関又は金融機関その他の第三者のあっせんによる当事者間の協議により締結された契約でその内容がイに準ずるもの
(4) 債務者の債務超過の状態が相当期間継続し、その金銭債権の弁済を受けることができないと認められる場合において、その債務者に対し書面により明らかにされた債務免除額

9－4－1（子会社等を整理する場合の損失負担等）

　法人がその子会社等の解散、経営権の譲渡等に伴い当該子会社等のために債務の引受けその他の損失負担又は債権放棄等（以下9－4－1において「損失負担等」という。）をした場合において、その損失負担等をしなければ今後より大きな損失を蒙ることになることが社会通念上明らかであると認められるためやむを得ずその損失負担等をするに至った等そのことについて相当な理由があると認められるときは、その損失負担等により供与する経済的利益の額は、寄附金の額に該当しないものとする。（昭和55年直法2－8「三十三」により追加、平10年課法2－6により改正）

（注）子会社等には、当該法人と資本関係を有する者のほか、取引関係、人的関係、資本関係等において事業関連性を有する者が含まれる（以下9－4－2において同じ。）。

> **9−4−2（子会社等を再建する場合の無利息貸付け等）**
> 　法人がその子会社等に対して金銭の無償若しくは通常の利率よりも低い利率での貸付け又は債権放棄等（以下9−4−2において「無利息貸付け等」という。）をした場合において、その無利息貸付け等が例えば業績不振の子会社等の倒産を防止するためにやむを得ず行われるもので合理的な再建計画に基づくものである等その無利息貸付け等をしたことについて相当な理由があると認められるときは、その無利息貸付け等により供与する経済的利益の額は、寄附金の額に該当しないものとする。（昭55年直法2−8「三十三」により追加、平10年課法2−6により改正）
> （注）合理的な再建計画かどうかについては、支援額の合理性、支援者による再建管理の有無、支援者の範囲の相当性及び支援割合の合理性等について、個々の事例に応じ、総合的に判断するのであるが、例えば、利害の対立する複数の支援者の合意により策定されたものと認められる再建計画は、原則として、合理的なものと取り扱う。

　ロ．実質基準

　　　法人税基本通達9−6−2によるものであり、一般に実質基準と呼ばれている。債権者自らの債務者の弁済能力に関する判断[40]により貸倒損失を計上するので、損金経理ができることになる。また、担保物がある場合には担保物を処分した後でなければ、保証人がいる場合には保証人からの回収可能性がないのでなければ、貸倒損失は認められないことが原則である。

　　　この通達によると、部分貸倒は原則として認められず、損金処理の時期に関しては、利益操作を防止する目的で、当該債務者に対する債権の全額が回収不能となったことが明らかになった事業年度とされている。ただし、全国銀行協会通達（平成11年3月30日平一一調々五三）では、担保物の処分前でも債権者にとって実質的な取り分がないと認められるとき又は保証人が行方不明や生活保護を受けている場合等であれば一定の疎明資料の整備を要件に貸倒損失の計上が認められ得るものとしている。

6. 事業再生における各種債務処理及び組織再編の手法

> **9－6－2（回収不能の金銭債権の貸倒れ）**
> 　法人の有する金銭債権につき、その債務者の資産状況、支払能力等からみてその全額が回収できないことが明らかになった場合には、その明らかになった事業年度において貸倒れとして損金経理をすることができる。この場合において、当該金銭債権について担保物があるときは、その担保物を処分した後でなければ貸倒れとして損金経理をすることはできないものとする。（昭55年直法2－15「十五」、平10年課法2－7「十三」により改正）
> (注) 保証債務は、現実にこれを履行した後でなければ貸倒れの対象にすることはできないことに留意する。

　ハ．形式基準

　　法人税基本通達9－6－3によるものであり、一般に形式基準と呼ばれている。売掛債権については、一定の要件に該当すれば、備忘価額を付した残額を貸倒損失として計上することができる。なお、この形式要件に該当すれば直ちに貸倒処理が認められるということはなく、9－6－2と同様に、合理的な債権管理、回収努力、事後整理を行った事実関係及びその疎明資料の整備が必要である。

> **9－6－3（一定期間取引停止後弁済がない場合等の貸倒れ）**
> 　債務者について次に掲げる事実が発生した場合には、その債務者に対して有する売掛債権（売掛金、未収請負金その他これらに準ずる債権をいい、貸付金その他これに準ずる債権を含まない。以下9－6－3において同じ。）について法人が当該売掛債権の額から備忘価額を控除した残額を貸倒れとして損金経理をしたときは、これを認める。（昭46年直審（法）20「6」、昭55年直法2－15「十五」により改正）
> (1) 債務者との取引を停止した時（最後の弁済期又は最後の弁済の時が当該停止をした時以後である場合には、これらのうちもっとも遅い時）以後1年以上経過した場合（当該売掛債権について担保物のある場合を除

く。)
(2) 法人が同一地域の債務者について有する当該売掛債権の総額がその取立のために要する旅費その他の費用に満たない場合において、当該債務者に対し支払を督促したにもかかわらず弁済がないとき

(注) (1)の取引の停止は、継続的な取引を行っていた債務者につきその資産状況、支払能力等が悪化したためその後の取引を停止するに至った場合をいうのであるから、例えば、不動産取引のようにたまたま取引を行った債務者に対して有する当該取引に係る売掛債権については、この取扱いの適用はない。

② **債権譲渡**

イ．個別譲渡

　　資産の含み損を顕在化させる方法としては、評価損の計上と売却による譲渡損の計上がある。評価損は税務上、上記4に示したごとく、物損等の事実や法的整理の事実という特別な場合にのみ、その計上が認められている。特に、金銭債権については、このような場合でも評価損の計上が認められず、貸倒引当金の設定で手当てされていたが、平成21年度改正により法的整理のほか、一定の私的整理の場合に評価損を計上できるようになった（4(1)参照）。貸倒引当金の設定については、税務上の要件を満たさなければ、有税での引当てになってしまうが、第三者に対する債権の真正譲渡に伴う売却損失は、外部取引による実現損であり、税務上疑義が生じる余地は少ないので、債権譲渡や事業譲渡を選択する事例もあった。

　　なお、債権譲渡に際して、債権（元本及び貸付債権である場合には未収利息や遅延損害金の未収額）の一部を債務免除後に譲渡する場合と、一切の債務免除を行わずに譲渡する場合がある。したがって、当該債権の購入者（第二次債権者）は、その購入価額にかかわらず、前者にあっては免除後の債権額、後者にあっては未収債権の全額の法的請求権を有することとなる。

6. 事業再生における各種債務処理及び組織再編の手法

【会計上の取扱い】

　債権者側において、会計上、債権を売却処理するためには、金融商品会計基準第9項の要件[41]を満たす必要がある。一方、債権をその額面額未満で購入した第二次債権者は、（ⅰ）取得原価の債権元本対応部分と未収利息（及び遅延損害金。以下同じ。）対応部分への按分、（ⅱ）債務者（又は保証人）からの回収額の当該債権から新たに生じる利息額、未収利息対応部分の原価、債権元本対応部分の原価及び回収益への按分という会計上の問題が生じる。

　これらの按分は、回収可能見込み額（当該債権の将来キャッシュ・フロー）に基づいて各々の要素に按分する必要があるが、債務者との新たな合意がある場合には、その合意内容が会計処理に影響する。例えば、第二次債権者と債務者との間で債権の残元本額全額の弁済を条件に新たな利息及び過去の未収利息の請求権を放棄するという合意が成立した場合には、取得原価の全額が元本対応額となり、回収額は回収可能見込み額に応じて元本対応原価の回収と回収益とに按分されることとなる。

　金融商品会計基準[42]第14項及び第68項は、「債権を債権金額よりも低い価額又は高い価額で取得した場合の貸借対照表価額は、取得価額と債権金額との差額（取得差額）の性格が金利の調整と認められるときには、償却原価法（当該差額に相当する金額を弁済期又は償還期に至るまで毎期一定の方法で取得価額に加減する方法）に基づいて算定された価額から貸倒見積高に基づいて算定された貸倒引当金を控除した金額としなければならない」（引用文著者加筆）としている。

　また、金融商品実務指針の第105項は、「（この場合における）償却原価法は、将来キャッシュ・フローの現在価値が取得価額に一致するような割引率（実効利子率）に基づいて、債務者からの入金額を元本の回収と受取利息とに区分し、利息法によることを原則とするが、契約上、元利の支払いが弁済期限に一括して行われる場合又は規則的に行われることになっている場合には、定額法によることができる。なお、債権の取

119

得価額が、債務者の信用リスクを反映して債権金額より低くなっている場合には、信用リスクによる価値の低下を加味して将来キャッシュ・フローを合理的に見積った上で償却原価法を適用する」（引用文著者加筆）としている。

さらに、金融商品会計に関するQ&AのQ38は、事業再生における債権売買の多くに該当する、取得差額の大部分が信用リスクに基づくものである場合には、「（信用リスクによる減損見積額を将来キャッシュ・フローから控除することにより、取得差額のうちの金利調整差額部分を算定し、）金利調整差額部分に対して償却原価法を適用しても、各年度の純損益に及ぼす影響は重要性がなく、あまり実務的でない。したがって、このような場合には、償却原価法を適用せずに、債権の取得後において信用リスクが高くなった場合に、将来キャッシュ・フローの減損見積額増加分の割引現在価値を貸倒見積額として計上することとなる」（引用文著者加筆）としている。

【税務上の取扱い】

債権者側において、債権額未満で取得した債権に係る取得原価の按分、回収額の取得原価と回収益への按分に関する税法上の規定は存在しない。したがって、法人税法第22条第4項の定めに従い、一般に公正妥当と認められる会計処理の基準に従うこととなる。

なお、第二次債権者が債権の債権額と取得原価との差額に至るまでの金額を債務免除しても、その免除に経済的合理性がある限りは、損失が発生することはなく、寄附金認定の問題も生じることはない。

ロ．バルクセール

複数の不良債権を一括して第三者に売却することである。買主と個別に交渉する相対取引と複数の購入希望者が参加する入札方式とがある。対象債権としては、不良債権のみの売却、正常債権のみの売却、不良債

権と正常債権を組み合わせた売却が挙げられる。

【会計上の取扱い】
　債権者側における会計上の取扱いは、複数の債権をパッケージして全体の売買金額が決まるが、個々の債権の時価（回収可能見込み額）に基づき取得原価を個々の債権に按分し、債権ごとにその取得原価を明確にする必要があるが、基本的には、個別譲渡の場合と同様の論点である。

【税務上の取扱い】
　債権者側において、基本的には、個別譲渡の場合と同様の論点が生じる。また、パッケージされた債権のうちに債権分類・債務者区分が異なるものが含まれていることからも、債権購入後の当該債権に係る貸倒引当金、貸倒損失の設定については、全体又は契約ごとではなく原則として債務者ごとに判断することになる。

ハ．ローン・パーティシペーション
　ローン・パーティシペーションとは、貸出債権に係る権利義務関係を移転・変更させないで、原貸出債権に係る経済的利益とリスクを原債権者から参加者（二次取得者）に移転させる契約をいう。原債権者は買戻条件がないこと、原契約と同一の条件を参加者に引き継がせることなど、一定の要件を満たせば、債権譲渡の手続をとらずに貸出債権のうちの参加割合に相当する部分をオフバランス化することができる。

【会計上の取扱い】
　債権者側における会計上の取扱いは、イの個別譲渡で見たように、金融商品会計基準では、金融資産のオフバランス化要件の一つに「譲受人の権利が法的に保全されていること」を挙げている。ローン・パーティシペーションは、法的に債権の譲渡が行われていないため、原債権者の

オフバランス化の要件を満たさないことになる。

　しかし、我が国の商慣行上、債権譲渡に際して債務者の承諾を得ることが困難な場合、債権譲渡に代わる債権流動化の手法として広く利用されている実情を考慮し、経過措置が定められており、債権に係るリスクと経済的利益のほとんどすべてが譲渡人から譲受人に移転している場合等一定の要件を充たすものに限り、当該債権の消滅を認識することを認めることとしている（金融商品会計基準第42項(1)）。なお、ここでいうローン・パーティシペーションは、金融機関等からの貸出債権に係る権利義務関係を移転させずに、原貸出債権に係る経済的利益とリスクを原貸出債権の原債権者から参加者に移転させる契約としている（会計制度委員会報告第３号「ローン・パーティシペーションの会計処理及び表示」（平成20年３月25日）第２項、金融商品実務指針第41項）。

【税務上の取扱い】
　債権者側における税務上の取扱いは、原則として会計上認められた処理を税務上も認めるものとしているが、債務者のローンの利子支払に課される源泉税の徴収義務者については譲渡人にとどまる旨の見解もある。（法基通　附則　経過的取扱い（平11課法２－９(3)）、国税庁ウェブサイト質疑応答事例源泉所得税「金融機関の貸出債権に係るローン・パーティシペーションの取扱い」）。

（２）債権のリスケジュール・再構成（Debt Restructuring）

①　金利減免
　債務者の財務体力に応じた利息の減免を行うことにより、債務者の経営改善を図りつつ回収を行う方法である。なお、債務者は、債務免除や新たな合意がない限り、債権者に対する支払額は、新たに発生した利息、過去の未払利息、元本に順次充当されることとなる（民法491①）。ただし、利息の支払が１年分以上延滞した場合において、債権者が催告をしても、債

務者がその利息を支払わないときは、債権者は、これを元本に組み入れることができる（民法405）。

【会計上の取扱い】
　債権者側における会計上の取扱いは、利息の減免措置により法的に利息が減免すれば、原則として会計上もそれに従う。貸倒懸念債権の条件変更の場合には、会計上貸倒引当金の再見積りを要することとなることが多い（金融商品実務指針第113項～第115項、設例13）。

【税務上の取扱い】
　債権者側における税務上の取扱いは、利息の減免については、債権放棄と同様にそれが過剰支援に該当するか、すなわち寄附金に該当するか否か判断する必要がある。特に、第三者ではない子会社等[43]に対する債務免除に際しては注意が必要である。法人がその子会社等に対して金銭の無償若しくは通常の利率よりも低い利率での貸付又は債権放棄等（以下「無利息貸付等」という。）をした場合において、その無利息貸付等が、例えば、業績不振の子会社等の倒産を防止するためにやむをえず行われるもので「合理的な再建計画[44]」（付録2(3)参照）に基づくものである等、その無利息貸付等をしたことについて相当な理由があると認められるときは、その無利息貸付等により供与する経済的利益の額は、寄附金の額に該当しないものとされる（法基通9－4－2）。

【会計上付随する論点】
　債権者側における会計上の取扱いとして、債務者から契約上の利払日を相当期間経過しても利息の支払を受けていない債権及び破産更生債権等については、既に計上されている未収利息を当期の損失として処理するとともに、それ以後の期間に係る利息を計上してはならない（金融商品会計基準注9）。

利息の支払を契約どおりに受けられないため利払日を延長したり、利息を元本に加算することとした場合には、未収利息の回収可能性が高いと認められない限り、未収利息を不計上とする。
　　未収利息を不計上とした債権については、既に計上されている未収利息の残高を損失として処理しなければならない。この処理方法としては次のいずれかによる。

イ．原則法
　　当期に対応する利息は受取利息の計上を取り消し、前期以前に計上された部分については、貸倒損失の計上又は貸倒引当金の目的使用として処理する。

ロ．簡便法
　　多数の債権を有し、継続的に未収利息不計上債権が発生することが避けられず、原則法を適用することが実務上困難な企業については、受取利息からの控除として処理することができる（金融商品実務指針第119項）。

【税務上付随する論点】
　　債権者側において、利息認識については、発生主義により認識するのが原則である。しかし、法人税基本通達２－１－24は、金融及び保険業以外の一般法人の利息の支払期日が１年以内の一定期間ごとに到来する債権（貸付金、預金、貯金又は有価証券）の利息に関しては、支払期日到来時の益金として処理することを認め、更に同２－１－25の要件を満たせば、利息認識は現金主義によることを認めている（法基通２－１－24、同２－１－25）。

２－１－25（相当期間未収が継続した場合等の貸付金利子等の帰属時期の特例）

法人の有する貸付金又は当該貸付金に係る債務者について次のいずれかの事実が生じた場合には、当該貸付金から生ずる利子の額（実際に支払を受けた金額を除く。）のうち当該事業年度に係るものは、２－１－24にかかわらず、当該事業年度の益金の額に算入しないことができるものとする。（昭55年直法２－８「六」により追加、平12年課法２－７「二」、平15年課法２－７「六」、平17年課法２－14「三」、平19年課法２－３「九」、平22年課法２－１「七」により改正）

(1)　債務者が債務超過に陥っていることその他相当の理由により、その支払を督促したにもかかわらず、当該貸付金から生ずる利子の額のうち当該事業年度終了の日以前６月（当該事業年度終了の日以前６月以内に支払期日がないものは１年。以下２－１－25において「直近６月等」という。）以内にその支払期日が到来したもの（当該貸付金に係る金銭債権を売買等により取得した場合のその取得前の期間のものを含む。以下２－１－25において「最近発生利子」という。）の全額が当該事業年度終了の時において未収となっており、かつ、直近６月等以内に最近発生利子以外の利子について支払を受けた金額が全くないか又は極めて少額であること。

(2)　債務者につき更生手続が開始されたこと。

(3)　債務者につき債務超過の状態が相当期間継続し、事業好転の見通しがないこと、当該債務者が天災事故、経済事情の急変等により多大の損失を蒙ったことその他これらに類する事由が生じたため、当額貸付金の額の全部又は相当部分についてその回収が危ぶまれるに至ったこと。

(4)　会社更生法若しくは金融機関等の更生手続の特例等に関する法律の規定による更生計画の認可の決定、債権者集会の協議決定等により当該貸付金の額の全部又は相当部分について相当期間（概ね２年以上）棚上げされることとなったこと。

（注）　1　この取扱いにより益金の額に算入しなかった利子の額については、その後これにつき実際に支払を受けた日の属する事業年度（その事業年度が連結事業年度に該当する場合には、当該連結事業年度）の益金の額に算入する。

> 2　法人の有する債券又は債券の発行者に上記(1)から(4)までと同様の事実が生じた場合にも、当該債券に係る利子につき同様に取り扱う。

② リスケジュール

　債務者からの債権回収状況がよくないときに、現状と今後の見通しから、返済可能なスケジュールを考え、毎月の返済額を減らしたり、返済期間を延長したりすることをいう。ただし、条件緩和に該当する場合には、下記③DPOと同様の取扱いとなる。

【会計上の取扱い】

　債権者側における会計上の取扱いは、貸倒懸念債権の条件変更の場合には、会計上貸倒引当金の再見積りを要することとなることが多い（金融商品実務指針第113項〜第115項、設例13）。

【税務上の取扱い】

　債権者側において、合理的な条件変更の場合には、税務上の論点は生じない。ただし、リスケジュールが債権放棄を伴ったものである場合は、貸倒損失、法人税法施行令第96条第１項の個別評価引当金設定及び法人税基本通達９−４−２の子会社支援等の論点が生じる。

③ DPO（Discount Pay Off）

　ディスカウント・ペイオフとは、債権を額面額未満で購入した第二次債権者が債務者にその不良債権を再売却すること、又は一定額の回収を条件として残債権を放棄することをいう。後者は保全処分後に支払が許可される少額債権の額まで債務免除を要請するような場合にも発生する。

　債権者側では(1)①又は②同様の問題が生じるが、債務者側でも、会計上（金融商品会計基準第10項、同実務指針第４項）、税務上ともに法的効果に基づいて債務消滅益又は債務免除益を計上することになる。

6. 事業再生における各種債務処理及び組織再編の手法

【会計上の取扱い】

会計上の取扱いは、債権の債務者への売却を含め債権者側では金融資産の消滅の要件を満たすか否かが論点となる（6(1)参照）。また、貸倒懸念債権の条件変更の場合には、会計上貸倒引当金の再見積りを要することとなることが多い（金融商品実務指針第113項～第115項、設例13）。

【税務上の取扱い】

債権者側における税務上の取扱いは、債権の売却については金融資産の消滅の要件を満たすか否かということと、譲渡価額が時価であるか否かという点が論点となる（6(1)参照）。

また、DPOによる債権放棄では、寄附金認定の有無が考えられるが、債権放棄額が合理的な金額であれば、会計・税務上、既に帳簿価格のない残債権を放棄することになる場合には、寄附金認定の問題が生じる可能性は少ない。

債務者側の債務免除益は、一定の場合には、期限切欠損金の青色欠損金に対する優先利用（会社更生手続、民事再生手続の「別表添付方式」及び私的整理の内「債務処理計画」付録2(3)参照）又は劣後利用（民事再生手続の「損金経理方式」、特別清算手続、破産手続及び私的整理の内「合理的資産整理」付録2(3)参照）の途がある（4(2)参照）。

(3) DES（Debt Equity Swap）

DESは、債務（デット）の一部を株式（エクイティ）に転換（スワップ）することをいい、債務超過に陥っている企業が、再建計画の一手法として利用している。

取引としては、債権の現物出資となり、現物出資の場合には、原則として裁判所が選任する検査役による調査又は弁護士、弁護士法人、公認会計士、監査法人、税理士、税理士法人が現物出資財産の価額が相当であることの証明（現物出資財産が不動産である場合には、併せて不動産鑑定士による鑑定評価を要

する。）をすることが必要となる（会社法207①、⑨四）。これらの現物出資財産の価額の検査役の調査には、上記の弁護士等の証明及び以下の株式会社に対する金銭債権の場合以外にいくつかの例外規定[45]が存在するが、DESを想定した例外規定が会社法により設けられている。会社法においては、弁済期の到来している金銭債権に限って、その募集事項として定めた増加する資本金等の金額が、負債に計上されている当該金銭債権に係る負債の帳簿価額を超えない場合には、当該現物出資について、検査役の調査を不要としている（会社法207⑨五）。したがって、例えば、負債を債権額（券面額）で資本に振り替えるような場合には検査役の調査が不要となる。

また、その評価額は、会社の財務内容を反映した債権の評価額（第三者間で売買する時価）とすべきか（評価額説）、債権の債権額を時価とすべきか（券面額説）の両説が、存在していたが、税務上は平成18年度税制改正等によって債務者側で債務消滅益課税が発生することが明確となっている[46]。現物出資を行う際の検査役の調査は券面額説もあるが[47]、税務上の取扱いと相違している。

また、上記のほかに、現金振替型のDES（以下「擬似DES」という。）が実務上行われている。これは、時間を要する検査役の調査を回避する等を目的として、債権者が債務者企業に対していったん現金払い込みによる増資を行い、当該資金で既存債権の一部若しくは全部を回収する取引である。なお、実務上は現金払い込みに先立ち、債務者企業の資本補填のために必要な債務免除を行い、DESに対応する債権額と株式の価値をほぼ同額にしておくケースも多い。なお、擬似DESに関しては、偏頗弁済等の法的問題が発生する可能性があるため、その合法性についての法的検討に当たっては弁護士等の専門家の協力が必要である。

【会計上の取扱い】

　DESを実施した場合の債権者側の会計処理については、平成14年10月9日付で企業会計基準委員会より、実務対応報告第6号「デット・エクイティ・スワップの実行時における債権者側の会計処理に関する実務上の取扱

い」（以下「実務対応報告6号」という。）が公表されている。

　実務対応報告6号によれば、債権者がDESを実施した場合、DESにより消滅した債権の帳簿価額と取得株式の取得時の時価との差額を当期の損益として処理し、当該株式は時価で計上することとなる。また、DESを行った際の債権者側の会計処理に関する考え方は、債務者側の会計処理の如何にかかわらず適用されるものとされており、例えば、債務者側が、仮に券面額説に立って会計処理を行っていたとしても、債権者側において会計上損失が計上される場合があることとなる。

　ここでいう取得株式の時価は、取得した株式に市場価額がある場合には「市場価額に基づく価額」であり、市場価額がない場合には「合理的に算定された価額」となる。

　この「合理的に算定された価額」は、実務対応報告6号によると債権放棄額や増資額などの金融支援額の十分性・債務者の再建計画等の実行可能性・株式の条件等を適切に考慮した上で、金融商品実務指針第54項に掲げられる方法[48]によって算定することとされている。ただし、取得株式の取得時の時価を直接的に算定することが困難である場合には、適切に算定された実行時の債権の時価を用いて、取得株式の取得時の時価とすることも考えられるとされている[49]。

　また、債権者がその債権を債務者に現物出資することによって行われる場合以外にも、債権の弁済を受けることを目的として第三者割当増資に応じるなど、実質的に金銭出資と債権の回収が一体性を有し、現物出資によるDESと同様の効果をもたらす擬似DESの場合にも、同様の会計処理をすべきものとされている[50]。

【税務上の取扱い】
① **債権者側**
　　DESは債権の現物出資であることから、現物出資に係る税務上の取扱いに従って債権者側の処理を行うこととなる。現物出資は法人税法上、適格

現物出資と非適格現物出資とのいずれかになり、それぞれによって税務上の取扱いが大きく異なる。事業再生の場面における現物出資は、非適格現物出資に該当することが多いことから、以下債務者側の課税も含め非適格現物出資を前提に[51]解説をする。

DESを実施した場合の、債権者側の取扱いについては、法人税基本通達2－3－14に規定されている。

なお、更生会社等に対するDESに係る債権者側の処理に関しては、法人税基本通達14－3－6に同様の規定があるが、同通達では債権の現物出資の側面よりも債務者企業が発行する株式による代物弁済の側面に注目し、法人税法施行令第119条第1項第25号により、交付株式の価額が取得価額となるものとしている。

つまり、子会社等に対してDESを実行したことにより、取得した株式の取得価額は、給付をした債権（後述のとおり、会社更生の場合には交付株式）の価額とされ、時価をもって取得価額とすることとなる。また、時価をもって取得価額を付すこととされている以上は、譲渡損の計上が前提にあるとも考えられるため、課税当局への事前の相談等の慎重な対応を前提に、譲渡損を損金に算入することができるものと考えられる。

また、ここでいう「合理的な再建計画等」（付録2(3)参照）とは、法人税基本通達9－4－2等の考え方に基づくものであり、法人税基本通達2－3－14の適用を受けるためには、法人税基本通達9－4－2で規定される「合理的な再建計画」に求められる基準、要件等を充足する必要等があり、それらを満たさない債権の現物出資（法法二十二の十四に規定する適格現物出資を除く）による譲渡損は、寄附金として取り扱われる可能性があることに留意する必要がある。

2－3－14（債権の現物出資により取得した株式の取得価額）

子会社等に対して債権を有する法人が、合理的な再建計画等の定めると

6．事業再生における各種債務処理及び組織再編の手法

ころにより、当該債権を現物出資（法第2条第12号の14《適格現物出資》に規定する適格現物出資を除く。）することにより株式を取得した場合には、その取得した株式の取得価額は、令第119条第1項第2号《有価証券の取得価額》の規定に基づき、当該取得の時における給付をした当該債権の価額となることに留意する。（平15年課法2－7「八」により追加、平19年課法2－3「十」により改正）

(注) 子会社等には、当該法人と資本関係を有する者のほか、取引関係、人的関係、資金関係等において事業関連性を有する者が含まれる。

14－3－6 （債権の弁済に代えて取得した株式若しくは新株予約権又は出資若しくは基金の取得価額）

更生会社等に対して債権を有する法人（以下この款において「債権法人」という。）が、更生計画の定めるところにより、払込みをしたものとみなされ、又は権利の全部若しくは一部の消滅と引換えにして当該更生会社等の株式（新法人の株式を含む。）若しくは新株予約権又は出資若しくは基金（新法人の出資又は基金を含む。）の取得をした場合には、その取得の時における価額を当該株式若しくは新株予約権又は出資若しくは基金の取得価額とする。（平11年課法2－9「二十」、平14年課法2－1「三十六、平15年課法2－7「五十二」、平17年課法2－14「十六」、平19年課法2－3「四十」により改正）

また、擬似DESを行った場合には、その法形式上はあくまでも金銭出資であるため、その取得価額は払い込んだ金額となるとも考えられるが、その取得価額は、その取得のときにおけるその有価証券の取得のために通常要する価額とされた場合には、払込金の中に寄附金とみなされる金額が含まれているとされる可能性があるなど、寄附金認定に留意しなければならない場合も考えられるため、事前に課税当局に相談するなど慎重な対応を行うことが望ましいと考える。DESの実行により有する金銭債権が株式となる場合には、評価損の計上について、検討する必要がある。しかしなが

ら、法人税基本通達9－1－12において増資払込直後における評価損の計上が規制されていることに注意が必要である。

> **9－1－12（増資払込み後における株式の評価損）**
>
> 　株式（出資を含む。以下9－1－12において同じ。）を有している法人が当該株式の発行法人の増資に係る新株を引き受けて払込みをした場合には、仮に当該発行法人が増資の直前において債務超過の状態にあり、かつ、その増資後においてなお債務超過の状態が解消していないとしても、その増資後における当該発行法人の株式については令第68条第1項第2号ロ《上場有価証券等以外の有価証券の評価損の計上ができる場合》に掲げる事実はないものとする。ただし、その増資から相当の期間を経過した後において改めて当該事実が生じたと認められる場合には、この限りでない。（昭54年直法2－31「三」により追加、平12年課法2－7「十六」、平17年課法2－14「九」、平21年課法2－5「七」により改正）

② **債務者側**

　債務者側のDESに係る税務上の取引を、「自己宛債権の取得」と「新株発行に伴う資本金等の額の増額」との取引に分解して解説する。「自己宛債権の取得」については、自己宛債権を現物出資により取得したときにおける価額（時価）により取得したものとされ、「新株発行に伴う資本金等の額の増額」については、新株発行に伴い給付を受けた資産の価額（時価）に相当する金額のうち、資本金として計上した金額と、資本金として計上しなかった金額の合計を資本金等の額とすることとなる（法法2十六、法令8①一）。すなわち、DESの対象となる債権の時価をもって、その債権の取得価額及び新株発行に係る資本金等の額とすることとなる。

　DESによって債務者は、自己を債務者とする債権を取得することとなるが、民法第520条により、債権及び債務が同一人に帰するときは、混同によりその債権は消滅することとなる。

6．事業再生における各種債務処理及び組織再編の手法

　事業再生の場面においては、債務者の財政状態が著しく悪化していることが想定され、債権の回収可能性も当然に悪化しており、債権の価額（時価）も低下しているのが通常である。そのため、混同による債権の消滅の際に、DESにより取得した自己宛債権の時価が対応する自己の負債に計上されている債務の帳簿価額よりも低く、混同による債務の消滅に際して、消滅益が生じることとなる。ただし、会社更生手続におけるDESに関する取扱いを定めた法人税基本通達14－3－6では、DESの代物弁済としての側面に着目して、債務の消滅の対価として金銭の払込みがあったとみなし、交付株式の価額をもって増加資本金等の額（法令8①）とし、差額は債務消滅益となるものと思われる。

　この債務消滅益は、債務者の課税所得を構成することとなり、課税によりキャッシュ・フローに影響を与える場合がある。青色欠損金と相殺されて、結果的に課税所得が発生しないこともあるが、債務消滅益が青色欠損金額を超過する場合には、資金流入がない所得に対する課税によりキャッシュ・フローが悪化する。

　ただし、一定の要件を満たした場合には、前事業年度から繰越された欠損金のうち、青色欠損金を除いた、いわゆる期限切れ欠損金を利用することが可能となる。

　法人税法第59条において会社更生法等の規定による更生手続開始の決定があった場合等の損金算入制度が規定されており、これらの事実があった場合における、一定の場合には、期限切れ欠損金の利用が可能となるが、その一定の場合に債務の免除については、「債権が債務の免除以外の事由により消滅した場合」が含まれることや事業再生税制の「債務処理計画」の適用要件である「二行要件」（4(3)参照、二行以上の金融機関等からの債務免除の要件）に関しても、その債務免除の範囲に当該「債務処理計画」に係る債権のDESによる債務消滅益も該当することになっている。したがって、DESによる債務の消滅益が発生した場合においても、期限切れ欠損金を利用することは可能であり、DESに応じた金融機関が複数ある場合に

は債務処理計画の要件の一つを満たすものと考えられる。

　なお、擬似DESによった場合には、債務者側においては、形式上は現金による資本取引であり、払込金額のうち資本金として計上された金額と資本金として計上されなかった金額との合計額が債務者側において資本金等の額として計上されることとなると考えられるが、通常この払込金は一定の借入金の返済に紐付けられたものであり、その特殊性を考慮した場合、経済的利益の供与や行為計算の否認などによる課税[52]を受けることのないよう、課税当局に事前に確認するなどの慎重な対応が望まれる。

　DESによって債権が株式に転換された場合には、税務上の資本金等の額が増加することとなり、この増加した資本金の額の0.7％（産活法の認定を受けた計画に従って行う場合には0.35％）が登録免許税として課されることとなる。

　また、資本金が1億円を超える場合の留意点として、事業税の計算における外形標準課税がある。事業税の計算において、期末資本金が1億円を超す場合には外形標準課税が適用され、所得が発生していない場合にも資本割の負担が発生する。さらに、法人税の軽減税率の適用ができなくなる点や、交際費の特例、貸倒引当金繰入の特例、留保金課税の適用等の問題も発生するため、注意が必要である。

(4) DDS（Debt Debt Swap）

　DDSの法的性質は「条件変更」であるため、リスケジュールと同じく、課税上の問題が発生する余地は少ない。そこで、特に平成17年度税制改正の適用を受けられず、債務免除益やDESの債務消滅益の発生により将来収益に対する課税が懸念される場合に有効である。

　ただし、DDSにより当該債権が他の債権に比して劣後することになるため、そのリスクに見合った金利を徴収すべきと考えられ、従来の金利水準が据え置かれた場合には、経済的利益の移転とされる可能性が生じる。その取扱いは金

利の減免の項に示した以外にも、債権者間の利益移転という観点から税務上寄附金に該当するか否か判断する必要がある。

　また、金融検査マニュアル（中小企業融資編　検証ポイント７）において金融機関が、債務者の経営改善計画の一環として、貸出債権を資本的劣後ローン（早期経営改善特例型）へと転換した場合には、当該資本的劣後ローンを債務者区分の判定において債務者の資本とみなすことができることとされた。この検査マニュアルの改訂により、より広く資本的劣後ローンとして取り扱えることとなった。また、一定の要件を満たしたDDSを通じて生じる劣後ローンについては金融庁による検査において「十分な資本的性質が認められる借入金」として自己資本とみなすことができ、かつ、当該債権を条件緩和先債権として取り扱わなくてもよいこととなっている（金融検査マニュアル別冊〔中小企業融資編〕平成21年12月の資産査定管理態勢の確認検査用チェックリスト「自己査定」（別表１）の検証ポイント「５貸出条件緩和債権」及び「７資本的劣後ローンの取扱い」）。

　債権者側の処理については、当該金融検査マニュアルに対応して、平成16年11月に当協会はDDSを実施した金融機関の会計処理の取扱いを公表[53]し、平成22年２月に改正している。ここでは、DDSは既存債権の条件変更として取り扱うことになり、当該取引により転換差額損益は発生させないものとしている。

　会計・税務以外の論点としては、DDSにより当該債権を他の債権に比して劣後させる場合に、実際問題として優先部分の債権がどの程度優先している必要があるのか、また、金融機関としてはDDSにより対象債権の区分が貸出金融機関にとっての債務者区分（下図【債権区分】）における「その他要注意先」以上に上位変遷することを目的とすることが多いが、その場合には、そもそも当初の貸出金が「要管理債権」以下に分類される債権であることを前提とし、DDSを含む再建計画の実施後、優先債権が「その他要注意先」以上の分類となるように留意する必要がある。

【債権区分】

自己査定	金融再生法に基づく開示債権	銀行法に基づくリスク管理債権
正常先	（正常債権）	
要注意先（その他要注意先）		
要注意先（条件緩和先）	要管理債権	3か月以上延滞債権 貸出条件緩和債権
破綻懸念先	危険債権	延滞債権
実質破綻先	破綻更生債権及び これらに準ずる債権	破綻先
破綻先		

（5）事業再生における事業再編手法（合併・分割・株式交換・現物出資）の適用

① 会社分割

イ．会社分割制度

　　会社分割とは、会社がその事業に関して有する権利義務の全部又は一部を他の会社に包括的に承継させる制度である。この制度を利用すると、事業譲渡（資産・負債の売買及び人と取引先の引継取引）を利用するより簡単に事業を移転することができる。事業譲渡は権利義務の承継について個別の移転手続が必要であり、労働契約の承継について労働者の同意が必要であるなど一定の法的手続を踏むことになるが、会社分割では基本的にこれらの手続は必要なくなる。ただし、会社分割の場合には債権者に対する公告や個別催告といった債権者保護手続が別途必要となる[54]。

ロ．会社分割の種類

　　会社分割には株式会社（合同会社）が、その営業の全部又は一部を新たに設立する法人に承継させる新設分割と、既存の法人が分割する法人の営業を承継する吸収分割の二種類があり、それぞれに対して営業を承継する法人が発行する株式を既存法人に割り当てる分社型分割（物的分割）と事業を承継する法人が発行する株式を分割する既存法人の株主に

割り当てる分割型分割（人的分割）がある。

　なお、会社法において分割型分割（人的分割）は「分社型分割（物的分割）と分割会社株主に対する剰余金分配行為」の二段階として構成されている。

ハ．流通税等の取扱い
　a．不動産取得税
　　　法人税法上の適格・非適格にかかわらず、次の要件をすべて満たす分割は非課税とされる（地方税法73の7二、同施行令37の14）。
　　・　分割交付金が交付されない分割であること
　　・　非按分型の分割でないこと
　　・　主要な資産及び負債が移転していること
　　・　事業の継続見込みがあること
　　・　従業員の80％以上の移転見込みがあること
　　　また、産活法第6条第2項に規定する認定事業再構築計画により、政令で定める不動産を取得したときは、一定の場合に限り、その不動産取得税は6分の5に減額される（地方税法附則11の4⑤）。

　b．商業登記に係る登録免許税
　　　増加した資本の金額×1,000分の1.5（最低3万円）（登録免許税法別表一）

　　　ただし、分割法人の分割直前の資本の金額から分割直後の資本の金額を控除した金額を超える金額（実質増加分）については1,000分の7。

　c．不動産登記に係る登録免許税
　　　不動産の価額×1,000分の20（所有権移転の場合）

ただし、平成23年3月31日までの間に行われた会社分割による所有権の移転については1,000分の8、平成23年4月1日から平成24年3月31日までの間に行われた同様の移転は1,000分の13（措法81）。

d．産活法に係る登録免許税（措法80①）
　i　認定事業再構築計画、認定経営資源再活用計画、認定経営資源融合計画、認定資源生産性確信計画（平成24年3月31日までの認定に係るもの）

増加した資本の金額×1,000分の1

ただし、分割法人の分割直前の資本の金額から分割直後の資本の金額を控除した金額を超える金額（実質増加分）については1,000分の3.5。

　ii　認定中小企業承継事業再生計画（第二会社方式、平成24年3月31日までの認定に係るもの）

増加した資本の金額×1,000分の1

ただし、分割法人の分割直前の資本の金額から分割直後の資本の金額を控除した金額を超える金額（実質増加分）については1,000分の3.5。

ニ．青色欠損金の引継ぎ
　合併類似適格分割型分割における分割法人の有する繰越欠損金の額については、一定の要件の下、分割承継法人に引き継ぐことができる（法法57②）が、その他の場合の分割法人の有する繰越欠損金は承継できな

い。また、連結納税制度に関連しての分割承継法人の欠損金の繰越（法法57⑤）、及びいわゆるグループ法人税制に関連しての両法人の承継する含み損に相当する特定資産譲渡等損失（法法62の7②）も一定の場合に制約される。なお、特定資産譲渡等損失については、会社更生手続又は民事再生手続のほか、一定の私的整理手続（「債務処理計画」）の手続開始決定の時から手続終了の時までに譲渡、評価換え、貸倒、除却等した場合又は適格合併等の日以降に発生した事実に基づく物損等又は法的整理の事実に基づく評価損（民事再生手続の「損金経理方式」又は産活法の債務免除等を伴う事業再構築計画及び経営資源再活用計画に基づく評価損の計上がこれに該当する。法法33②）は適用除外となることがある（法令123の8③四、同⑦二、付録2(3)参照）。さらに、特定株主等に支配された欠損等法人の欠損金の繰越制限（法法57の2）、及び資産の譲渡等損失額の損金算入制限（同60の3、6(5)③ニ参照）にも配慮する必要がある。

　なお、法人の分割（法法2十二の十に規定する分社型分割を除く。）をした場合には、分割承継法人は、分割前の国税債務の連帯納税義務を負う（国通法9の2）。

② **合併**
イ．非適格合併等における差額のれん・退職給与債務の計上

　新会社法施行後の合併等において、パーチェス法による会計処理が行われる場合には、合併法人等は被合併法人等の資産・負債を時価で取得することになり、その純資産価額と移転の対価の差額として「正あるいは負ののれん」が計上されるケースが増加していると思われる。

　法人税法上も、会社が非適格合併等により資産等の移転を受けた場合には、その非適格合併等に伴って引き継いだ従業員の退職給与に係る債務に相当する金額等を負債に計上するほか、その資産・負債の純資産価額と移転の対価の差額を「資産調整勘定」（正ののれんに対応）又は「負

債調整勘定」（負ののれんに対応）等に計上し、これらの内容に応じた処理を行うものとされた（法法62の8）。

　この規定により、事業譲渡後に実現する退職給与債務引受額からなる負債調整勘定や事業撤退損失などの短期重要債務見込額からなる負債調整勘定が非適格合併等に係る債務免除益として直ちに課税されるのが回避されることになり、課税を繰り延べる余地がある。

　ただし、100％グループ内の法人間の非適格合併にあっては、譲渡損益調整資産の移転につき譲渡損益の繰延べの適用を受けることになる（法法61の13①）。具体的には、譲渡損益調整資産に係る譲渡利益に相当する金額は合併法人の譲渡損益調整資産の取得価額に算入しないものとし、譲渡損失に相当する金額は合併法人の譲渡損益調整資産の取得価額に算入するものとする（法法61の13⑦）。

　なお、会社更生法においては、「貸借対照表の資産の部又は負債の部にのれんを計上することができる」（更法則1③）とされている。ただし、法人税法においては当該事業・企業の超過収益力としての「営業権」のみが規定（無形固定資産である、減価償却資産（法令13八）とされており、「のれん」は定義されず資産又は負債調整勘定等で対処）されている。

ロ．青色欠損金の引継ぎ

　適格合併においては、被合併法人の有する繰越欠損金の額については、一定の要件の下、合併法人に引き継ぐことができる（法法57②）が、その他の場合の被合併法人の有する繰越欠損金は承継できない。また、連結納税制度に関連しての合併法人の欠損金の繰越（法法57⑤）、及びいわゆるグループ法人税制に関連しての両法人の承継する含み損に相当する特定資産譲渡等損失（法法62の7②）も一定の場合に制約される。特定資産譲渡等損失については、会社更生手続又は民事再生手続のほか、一定の私的整理手続（「債務処理計画」）の手続開始決定のときから手続終了のときまでに譲渡、評価換え、貸倒、除却等した場合又は適格合併

6．事業再生における各種債務処理及び組織再編の手法

等の日以降に発生した事実に基づく物損等又は法的整理の事実に基づく評価損（民事再生手続の「損金経理方式」又は産活法の債務免除等を伴う事業再構築計画及び経営資源再活用計画に基づく評価損の計上がこれに該当する。法法33②）は適用除外となることがある（法令123の8③四、同⑦二、付録2(3)参照）。さらに、特定株主等に支配された欠損等法人の欠損金の繰越制限（法法57の2）、及び資産の譲渡等損失額の損金算入制限（同60の3、6(5)③ニ参照）にも配慮する必要がある。

③　**株式交換・株式移転**

イ．株式交換・株式移転に係る税制

　　株式交換・株式移転に係る税制は、組織再編税制の一環として法人税法に規定されている。また、他の組織再編行為との課税の公平性の確保を図るために、組織再編税制において適格組織再編の判定に採用されている「企業グループ内再編要件」と「共同事業を営むための再編要件」に類似する要件等によって、当該株式交換・株式移転の税務上の取扱いが判定されることになる（法法2十二の十六・十七、同61の2⑩、同62の9）。

ロ．完全子法人の株主における税務上の取扱い

　　株式交換（株式移転を含む。ハにおいて同じ。）に係る完全子法人の株主の処理は、その完全親法人の株式以外の資産の交付を受けていない場合には、適格株式交換・適格株式移転として、その完全子法人の株式の譲渡損益の計上を計上せず、その帳簿価額を完全親法人株式の帳簿価額に付け替える（法法61の2⑧、法令119の3⑭）。また、完全親法人は完全子法人株式を、完全子法人の株主における帳簿価額により取得する（法令119①）。

ハ．完全子法人が有する資産に係る税務上の取扱い

企業グループ内の株式交換及び共同事業を営むための株式交換のいずれにも該当しない株式交換が行われた場合には、非適格株式交換・非適格株式移転として、その完全子法人が有する固定資産・土地等・有価証券・金銭債権及び繰延資産（これらの資産のうちその含み損益が資本等の金額の2分の1又は1,000万円のいずれか少ない金額に満たないもの等を除く。）について、時価評価により評価損益の計上等を行う。ただし、100％グループ法人間の非適格株式交換等については、時価評価を行わない（法法62の9①）。

ニ．青色欠損金の引継ぎ
　　欠損金等（青色欠損金又は含み損のある資産）を有する法人の発行済み株数の50％超を保有する場合（特定支配関係）、買収後5年以内に、買収前の事業の全部廃止やその事業規模を大幅に超える資金受け入れを行うこと等一定の事由が生じた場合には、欠損金等の損金算入が制限される（法法57の2及び同60の3）。ただし、原則として適格組織再編又は会社更生、民事再生、破産、特別清算の各手続又は一定の私的整理手続（「合理的資産整理」法令117、付録2(3)参照）の開始に関して策定された債務処理計画に基づいて株式を取得しても、特定支配関係から除外される（法令113の2⑥）。また、以前から特定支配関係があった場合には、これらの手続の開始に伴って、欠損金の損金算入制限は解除される（法令113の2⑩一）。

（6）再生ファンド又はPE（Private Equity）ファンド

　事業再生の重要な担い手の一つである事業再生ファンド、PEファンドの法的形態としては、いくつか想定されるが、主なものは任意組合、投資事業有限責任組合（LPS）、有限責任事業組合（LLP）、匿名組合契約、又は諸外国の類似事業組織体がある。
　これらのいずれの法形態を採用するかについては、例えば、LPSであれば現

物不動産を取得することはできない等、取得可能資産の制約等法的規制などを考慮して決定されている。

　また、投資家（出資者）の種類や税制上の取扱いを考慮している場合もある。例えば、匿名組合契約にあっては、匿名組合員が出資した資金で取得した財産の所有権も営業者に帰属し、匿名組合員は債権的権利しか有していないため、税務上は純粋なパススルー（構成員）課税ではなく、匿名組合員が配分を受けた営業者の損益の属性は、その本来の属性が匿名組合員に移転することはない。例えば、匿名組合事業として受けた受取配当の益金不算入を匿名組合出資者側で直接受けることはできない。一方、任意組合、LPS、LLPの財産は組合員の共有財産となるため、組合員が組合の資産・負債及び損益に対する持分額を自己の資産・負債及び損益として経理処理（総額法）することにより、それらの本来の属性を組合員である投資家にパススルーされ投資家側で適用することが原則である。

　ただし、任意組合等の場合にも、損失分配に関する組合員側の損金算入制限（措法67の12他）や海外投資家が国内に恒久的施設（PE）を有するとされ、申告義務が生じるという問題点がある[55]。

　また、地方中小企業の再生について独立行政法人中小企業基盤整備機構（以下「中小機構」という。）が出資しているファンドを利用することも検討に値する。

　産活法第47条により、中小機構は、中小企業の活力の再生を支援するため、投資事業有限責任組合契約に関する法律第２条第２項に定める投資事業有限責任組合（事業再構築及び経営資源再活用を行う事業者に対する資金供給を行うものとして一定の出資参加者を予定するものに限る。）に対して、有限責任組合員としてファンド総額の２分の１以内を出資することができる。投資事業有限責任事業組合の投資対象は、過剰債務等により経営状況が悪化しているものの、本業には収益力があり、財務リストラや事業再構築により再生可能な中小企業である。また、その支援方法は、協議会との連携による再生計画策定支援、株式等の取得による資金提供、金融機関の保有する貸出債権の買取りによる金

融支援等である。中小機構の出資する中小企業再生ファンドは平成23年7月で22件ある[56]。ただし、税制上の債務処理計画として取り扱われる、いわゆる二行三人要件（4(3)参照）のうち債務免除等をすることが定められている「2以上の金融機関等」の要件適用上は、LPSとLLPを通じて投資している金融機関は除かれる（法令24の2①四）。

また、信用保証協会法の平成20年改正により、各地の信用保証協会において債権譲受（回収についてはサービサー等へ委託）による債権者間調整等の機能を果たし、協議会の活動を補完することや、再生ファンドへの出資が可能となった[57]。

なお、RCC企業再生スキームはRCCが債権者調整を行う中で、同意はするが金融取引の継続を望まない、又は、自ら債権放棄をすることを望まない金融債権者がいる場合に、その債権について投資家の入札を実施し、落札投資家から金銭の信託を受けてRCCが受託者として金銭債権を買い取って債権放棄又はリファイナンス（旧債権者が貸し付ける場合もある。）を行うものである（3(2)参照）。

39　合理的な整理計画又は再建計画に関する質疑応答事例についても参照されたい。
　　国税庁ウェブサイト：http://www.nta.go.jp/shiraberu/zeiho-kaishaku/shitsugi/hojin/13/01.htm
40　平成16年12月24日最高裁判所判決（いわゆる興銀事件税務訴訟 最高裁平成14（行ヒ）第147号）では、金銭債権の貸倒損失を当該事業年度の損金の額に算入するためには、「…債務者側の事情のみならず、債権回収に必要な労力、債権額と取立費用との比較衡量、債権回収を強行することによって生ずる他の債権者とのあつれきなどによる経営的損失等といった債権者側の事情、経済的環境等も踏まえ、社会通念に従って総合的に判断されるべきものである」と判示されており、それを受けて国税庁では平成17年3月10日に貸倒損失に係る事前照会手続をウェブサイトに発表した。
41　(1)　譲渡された金融資産に対する譲受人の契約上の権利が譲渡人及びその債権者から法的に保全されていること
　　(2)　譲受人が譲渡された金融資産の契約上の権利を直接又は間接に通常の方法で享受できること
　　(3)　譲渡人が譲渡した金融資産を当該金融資産の満期日前に買い戻す権利及び義務を実質的に有していないこと
　　　(1)の要件は譲渡人が譲渡後に取り消し得るかという点といわゆる倒産隔離要件を満た

6．事業再生における各種債務処理及び組織再編の手法

しているかを考慮して判定するものとしているが、後者は基本的には第三者対抗要件の具備による（金融商品実務指針第31項、同第245項から第248項）。

42　平成20年3月10日に企業会計基準委員会が改正（平成22年3月31日以降に終了する事業年度末に係る財務諸表から適用。ただし、以下の該当箇所においては改正されていない。）する前は、企業会計審議会において審議していた。

43　子会社等とは、法人が経済的利益を供与することについて合理的な経済目的があるという関係にある者をいい、親子会社といった資本関係を有する者だけでなく、取引関係、人的関係、資金関係等において事業関連性を有する者がこれに含まれる（法基通9－4－1（注））。

44　合理的な再建計画かどうかについては、支援額の合理性、支援者による債権管理の有無、支援者の範囲の相当性及び支援割合の合理性等について、個々の事例に応じ総合的に判断するのであるが、例えば、利害の対立する複数の支援者の合意により策定されたものと認められる再建計画は原則として合理的なものと取り扱うものとされている（法基通9－4－2（注））。

45　その他の例外規定は以下のとおり（会社法207⑨）。
　①　現物出資者に割り当てる株式の総数が発行済株式総数の10％以下の場合
　②　現物出資財産の価額の総額が500万円未満の場合
　③　市場価格のある有価証券について、市場価格以下の評価額で出資される場合
　会社法以外に産活法においても一定の場合、検査役の検査の免除措置がある（2(6)参照）。

46　平成21年4月28日東京地裁判決（棄却。平成19年（行ウ）第758号）では、適格現物出資に該当するDESについて、債務消滅益課税を支持した。

47　平成13年4月に針塚遵・東京地方裁判所判事「東京地裁商事部における現物出資等検査役選任事件の現状」（旬刊「商事法務」1590（2001.3.25）号、社団法人商事法務研究会）及び「デット・エクイティ・スワップ再論」（旬刊「商事法務」1632（2002.6.25）号、社団法人商事法務研究会）において、東京地裁商事部に在籍する針塚遵判事が券面額説を認める見解を公表して以来、会社法上は券面額説が有力である。

48　金融商品実務指針第54項に掲げられる方法とは以下のような方法をいう。なお、金融商品別の時価の算定方法に関しては、企業会計基準適用指針第19号「金融商品の時価等の開示に関する適用指針」（平成20年3月10日）の参考（開示例）も参考になる。
(1)　取引所等から公表されている類似の金融資産の市場価格に、利子率、満期日、信用リスク及びその他の変動要因を調整する方法
(2)　対象金融資産から発生する将来キャッシュ・フローを割り引いて現在価値を算定する方法
(3)　一般に広く普及している理論値モデル又はプライシング・モデル（例えば、ブラック・ショールズ・モデル、二項モデル等のオプション価格モデル）を使用する方法

49　IASBの"IFRIC UPDATE"（July 2009）によると、事業再編のDES（Debt to equity swap in a restructuring）により発行したエクイティ証券は、弁済された債務の時価又は発行されたエクイティ証券の時価のいずれかより確実に評価しやすい方で測定すべきものとしている（後にIFRICの公開草案が出る予定）。また、米国基準においては、ASC（U.S. GAAP Cordification of Accounting Standards）310-40-40-3及び470-60-35-4において規定されている。

50　なお、DESを実施して取得した株式が種類株式の場合には、その貸借対照表価額につい

ては、平成15年3月13日付けで企業会計基準委員会より、実務対応報告第10号「種類株式の貸借対照表価額に関する実務上の取扱い」が公表されている。
51 適格現物出資に該当する場合には、債務者の現物出資により取得した自己宛の債権の取得価額は、現物出資法人の適格現物出資直前の帳簿価額に相当する金額となり（法令123の5）、債務者の資本金等の増加額も現物出資法人の適格現物出資直前の帳簿価額となる（法令8①八）。
52 擬似DESによって取得した株式の譲渡損を計上した場合に、取得価額の大部分が寄附金に当たるとして課税された事案（最高裁平成14年（行ツ）第178号）もある。
53 業種別委員会報告第32号「銀行等金融機関の保有する貸出債権が資本的劣後ローンに転換された場合の会計処理に関する監査上の取扱い」
54 産活法第20条（特別支配会社への事業譲渡等に関する特例）により、90％以上の議決権を保有する子会社と親会社の組織再編に関して、一定の計画認定がなされている場合には、株主総会ではなく子会社の取締役会決議のみで行える特例がある（略式組織再編）。ただし、知れたる債権者への通知等は省略できない。
55 平成20年度改正により独立代理人については3号PE（ここではPrivate Equityではなく、法法141三に規定される恒久的施設：Permanent Establishmentの意味）に該当しないものとされたが、さらに、平成21年度税制改正により、投資事業有限責任組合（外国におけるこれに類するものを含む。）の組合員である非居住者又は外国法人で有限責任組合員であること等の一定の要件を満たすものは、国内に恒久的施設（PE）を有しないものとみなすこととされたため、多くの金融所得は原則として源泉徴収のみで課税が完了することになった。（措法41の21、同67の16、法基通20-2-12）
56 中小機構の組成しているファンドは中小機構のウェブサイトで確認することができる。
57 主たる業務である債務保証の遂行を妨げない限度で以下の3業務を信用保証協会に追加するものとしている。
　　① 債権の譲受け
　　② 再生ファンドへの出資
　　③ 新株予約権の引受け

参考文献

- 民事再生実務合同研究会編「民事再生手続と監督委員」株式会社商事法務、2008年
- 藤原総一郎監修、森・濱田松本法律事務所・㈱KPMG FAS編「倒産法全書 上下」株式会社商事法務、2008年
- 日本公認会計士協会編「財産評定等ガイドラインとQ&A・事例分析」株式会社商事法務、2007年
- 日本公認会計士協会編「企業価値評価ガイドライン」株式会社清文社、2007年
- 日本公認会計士協会東京会編「M&A組織再編の実務—手続・人事労務・会計・税務・事例研究」株式会社清文社、2008年
- 日本公認会計士協会東京会編著「民事再生法経理実務ハンドブック」株式会社商事法務、2003年
- 日本公認会計士協会京滋会・京都弁護士不良債権問題研究会編著「Q&A 不良債権をめぐる法律・会計・税務—その処理から倒産手続まで」株式会社清文社、2001年
- 日本公認会計士協会京滋会・京都弁護士倒産問題研究会編著「会社更生・再生・清算の法律と会計・税務」株式会社清文社、2004年
- 日本公認会計士協会東京会編「企業再編の手法と会計・税務」税務研究会出版局、2002年
- 株式会社整理回収機構「整理回収機構の概況（平成20年度版）」
- 中小企業庁「中小企業の事業再生に係る検討について」2008年
- 田中亀雄・土屋章・多比羅誠・須藤英章・宮川勝之編「私的整理ガイドラインの実務」社団法人金融財政事情研究会、2007年
- 「裁判外事業再生」実務研究会編「裁判外事業再生の実務」株式会社商事法務、2009年
- 税理士法人トーマツ編「M&Aを成功に導く税務デューデリジェンスの実務」株式会社中央経済社、2008年
- 税理士法人プライスウォーターハウスクーパース編「事業再編税務ハンドブック（第2版）」株式会社中央経済社、2007年
- 新日本アーンストアンドヤング税理士法人編「組織再編の税務ガイダンス（第2版）」株式会社中央経済社、2007年
- 事業再生研究機構 税務問題委員会編「事業再生における税務・会計Q&A（事業再生研究叢書7）」株式会社商事法務、2007年
- 日本公認会計士協会機関誌 会計・監査ジャーナル2009年1月号（第一法規株式会社）「座談会」地域中小企業等に係る事業再生について」
- 日本公認会計士協会機関誌 会計・監査ジャーナル2009年2月号（第一法規株式会社）「座談会」産業活力再生特別措置法（産活法）に基づく事業再生ADR」
- 日本公認会計士協会機関誌 会計・監査ジャーナル2009年6月号（第一法規株式会社）「座談会」大きく変わる会社更生手続」
- 全国サービサー協会「LSアセットマネージャー検定テキスト」
- 法務省大臣官房審議官 深山卓也編著「一問一答新会社更生法」株式会社商事法務、2003年
- 社団法人金融財政事情研究会「事業再生と債権管理」2009年7月5日125号
- 財務省「平成21年度税制改正の解説」
  (http://www.mof.go.jp/jouhou/syuzei/kaisetsu21/index.html)
- 税理士・全国事業再生税理士ネットワーク代表幹事 中村慈美著「解説とQ&Aによる不良債権処理と再生の税務—債権者・債務者双方の税務上の重要項目」財団法人大蔵財務協会、2007年

付録1：事業再生の手続と税制の関係

手続		会社更生	民事再生	破産	特別清算	特定調停
1.総論						
(1)手続の概要						
	手続の申立て（開始申請）	債務者又は債権者等から裁判所へ	債務者又は債権者等から裁判所へ	債務者又は債権者等から裁判所へ	債務者又は債権者等から裁判所へ	債務者から裁判所へ
	適用対象企業の種類	株式会社	法人種別の限定なし	法人種別の限定なし	株式会社	法人種別の限定なし
	手続開始の主要因	弁済不能のおそれ	弁済不能のおそれ	支払不能	債務超過の疑い	弁済不能のおそれ
	官報等への公示	あり	あり	あり	あり	あり
	主たる手続（債権者調整）実行者	管財人（DIP型の場合、管財人及び調査委員）	債務者（申立代理人）	破産管財人	清算人	債務者（申立代理人）
	手続対象債権	担保権租税債権を含む	租税債権担保権除く	担保権除く	租税債権担保権除く	限定なし
	合意形成の原則	対象債権者の法定多数決	対象債権者の法定多数決	なし	対象債権者の法定多数決	特定債務者と各債権者
	保証協会保証（中小企業者）	DIP保証	DIP保証	なし	なし	なし
	費用負担	債務者負担 2,000万円以上目途	債務者負担	債務者負担	債務者負担	債務者負担（少額）
	中小企業承継事業再生計画（第二会社方式）	可	可	不可（他の手続により旧会社が破産することは可）	不可（他の手続により旧会社が特別清算することは可）	不可（他の手続により一部債権が特定調停に至ることは可）
	手続期間のイメージ	申立てから10か月程度以上（DIPは半年程度）	平均6か月弱	事案によって様々	事案によって様々	申立てから2～3か月程度
	想定される債務者企業規模	中堅以上	企業規模問わない	企業規模問わない	企業規模問わない	企業規模問わない

付録1：事業再生の手続と税制の関係

私的整理ガイドライン	中小企業再生支援協議会	RCC企業再生スキーム（調整機能）	事業再生ADR	企業再生支援機構	個人債務者の私的整理ガイドライン
債務者がメインバンクへ	債務者（又は金融機関）から中小企業再生支援協議会へ	金融機関（通常主要債権者）からRCCへ	債務者が（メインバンクと相談して）JATPへ	債務者とメインバンク等の主要な債権者の連名で企業再生支援機構へ	債務者が債権者へ
多数の金融機関に債務を有する企業	中小企業者	法人種別の限定なし	法人種別の限定なし	地方三公社及び第三セクター以外	個人
過剰債務による経営困難	過剰債務による経営支障のおそれ	過剰債務による経営困難	過剰債務による経営困難	過剰債務による経営困難	東日本大震災の影響による既往債務の弁済不可
なし	なし	なし	なし	なし	なし
債務者及びメインバンク（債権者会議長）	債務者及び中小企業再生支援協議会	債務者及びRCC	債務者及びJATPの選任する手続実施者	債務者及び企業再生支援機構	債務者
金融債権中心	金融債権中心	金融債権中心	金融債権中心	金融債権中心	金融債権中心
対象債権者の全員一致	対象債権者の全員一致	対象債権者の全員一致	対象債権者の全員一致	対象債権者の全員一致	対象債権者の全員一致
なし（自治体制度があることがある）	プレDIP保証	なし（自治体制度があることがある）	プレDIP保証		
債務者負担	DD費用（国の補助の可能性あり）を除きなし	債務者負担	債務者負担	DD費用（中小・中堅企業は一部を企業再生支援機構が負担）を除きなし	なし
可	可	可	可	可	
申請から開始3か月開始後3か月	平均6か月程度	平均6か月程度	申請から開始3か月開始後3か月	事前相談から支援決定2か月支援決定から債権買取り等の決定3か月	申出から3～4か月程度
中堅以上	中小企業者	企業規模問わない	中堅以上	企業規模問わない	

手続	会社更生	民事再生	破産	特別清算	特定調停
(2)事業年度	更生手続開始の時に事業年度終了。それに続く事業年度は計画認可の時又は更生手続終了の日に終了する。ただし、法人税法第13条第1項ただし書（1年を超える場合は1年で切る）の規定の適用を妨げない（更生法232②）。	特定の規定なく、通常の会社と同様に、定款等で定められた事業年度が採用される。	裁判所による破産手続の開始決定がされた日に解散。その事業年度の開始の日から解散の日。解散の翌日からその事業年度終了の日。（会社法471⑤、法法14）。	その事業年度の開始の日から解散の日。解散の翌日からその事業年度終了の日。（会社法471③⑥、法法14）。	特定の規定なく、
(3)税務申告					
①確定申告	事業年度終了の日から2か月以内。提出期限の1か月延長の特例適用可能（法法75②）。災				
②中間申告	提出不要（更生法232③）	事業年度開始の日以後6か月を経過した日から2か月以内（法法71）。期限延長の規定はない。	提出不要（法法71）	提出不要（法法71）	事業年度開始の
(4)申告納税義務者					
①法人税	管財人	法人代表者	破産管財人	清算人	法人代表者
②源泉徴収義務	管財人	法人代表者	破産管財人	清算人	法人代表者
③消費税の申告納税義務	管財人	法人代表者	破産管財人	清算人	法人代表者
2.課税対象損益					
(1)債務免除益(DESによる債務消滅益を含む)	益金算入。債務免除の時期について定めのない場合には、更生計画の認可決定時に債務免除益を計上すべきである。期限切れ欠損金の控除対象（ただし、連結納税制度を採用している場合、連結法人からの債務免除は対象外）である（法法59①）。	益金算入。債務免除の時期について定めのない場合には、再生計画の認可決定の確認時に債務免除益を計上すべきである。期限切れ欠損金の控除対象（ただし、連結納税制度を採用している場合、連結法人からの債務免除は対象外）である（法法59②）。	益金算入。ただし、破産手続中に通常債務免除は行われない。期限切れ欠損金の控除対象（ただし、連結納税制度を採用している場合、連結法人からの債務免除は対象外）である（法法59②）。	益金算入。債務免除の時期について定めのない場合には、和解契約の許可決定時又は協定の認可決定時に債務免除益を計上すべきである。期限切れ欠損金の控除対象（ただし、連結納税制度を採用している場合、連結法人からの債務免除は対象外）である（法法59②）。	益金算入。一般的には期限切れ欠損金の控除対象とならない。

付録1：事業再生の手続と税制の関係

	私的整理ガイドライン	中小企業再生支援協議会	RCC企業再生スキーム（調整機能）	事業再生ADR	企業再生支援機構	個人債務者の私的整理ガイドライン
	通常の会社と同様に、定款等で定められた事業年度が採用される。					
	害等による延長可能（特例延長を除く）（法法75）					
	日以後6か月を経過した日から2か月以内（法法71）。期限延長の規定はない。					
	益金算入。一定の私的整理の要件に該当する場合（法令24の2①二）、期限切れ欠損金控除対象（ただし、連結納税制度を採用している場合、連結法人からの債務免除益は対象外）となる（法法59②）。					収入金額又は総収入金額に算入しない（所基通39－17）。

151

手続	会社更生	民事再生	破産	特別清算	特定調停
(2)役員からの私財提供益	益金算入。期限切れ欠損金の控除対象(ただし、連結納税制度を採用している場合、連結法人からの資産贈与は対象外)である(法法59)。				益金算入。一般的には期限切れ欠損金の控除対象とならない。
(3)未払役員賞与の免除益	一定の条件をクリアすれば、益金に算入しないことも可能(法基通4－2－3)。源泉徴収は、会社更生手続の開始決定を受けたようなケースで、一般債権者の損失を軽減するため立場上やむなく役員賞与の受領を辞退した場合には、源泉徴収しなくても差し支えない(所基通181～223共－3)。	一定の条件をクリアすれば、益金に算入しないことも可能(法基通4－2－3)。源泉徴収は、民事再生手続の開始決定を受けたようなケースで、一般債権者の損失を軽減するため立場上やむなく役員賞与の受領を辞退した場合には、源泉徴収しなくても差し支えない(所基通181～223共－3)。	一定の条件をクリアすれば、益金に算入しないことも可能(法基通4－2－3)。源泉徴収は、破産手続開始決定を受けたようなケースで、一般債権者の損失を軽減するため立場上やむなく役員賞与の受領を辞退した場合には、源泉徴収しなくても差し支えない(所基通181～223共－3)。	一定の条件をクリアすれば、益金に算入しないことも可能(法基通4－2－3)。源泉徴収は、特別清算開始命令を受けたようなケースで、一般債権者の損失を軽減するため立場上やむなく役員賞与の受領を辞退した場合には、源泉徴収しなくても差し支えない(所基通181～223共－3)。	一定の条件をクリア
(4)未払配当金の免除益	益金算入(法基通4－2－3(注))。				
(5)資産譲渡所得	益金算入。				
(6)財産評定損益					
①評定の基準	管財人による評価額(更生法83①・②・④、更生則1①)。	使用収益される場合の通常の譲渡価額(法基通4－1－3、9－1－3)。			

付録１：事業再生の手続と税制の関係

私的整理ガイドライン	中小企業再生支援協議会	RCC企業再生スキーム（調整機能）	事業再生ADR	企業再生支援機構	個人債務者の私的整理ガイドライン
益金算入。一定の私的整理の要件に該当する場合（法令24の２①二）、期限切れ欠損金控除対象（ただし、連結納税を採用している場合、連結法人からの資産贈与は対象外）となる（法法59②）。					
リアすれば、益金に算入しないことも可能（法人税基本通達４－２－３）。					
平成17年度税制の適用を受ける場合、平成17年3月31日付け「私的整理ガイドラインのQ10－2実態貸借対照表作成に当たっての評価基準」に基づく評価。	平成17年度税制の適用を受ける場合、平成17年6月21日付け「中小企業再生支援協議会の支援による再生計画の策定手順（再生計画検討委員会が再生計画案の調査・報告を行う場合）」の「実態貸借対照表作成に当たっての評価基準」に基づく評価。	平成17年度税制の適用を受ける場合、平成23年9月12日付け「RCC企業再生スキーム」の「再生計画における「資産・負債の評定基準」」に基づく評価。	平成17年度税制の適用を受ける場合、平成20年11月20日付け「事業再生に係る認証紛争解決事業者の認定等に関する省令第十四条第一項第一号の資産評定に関する基準」（平成20年経済産業省告示第257号）（平成21年経済産業省告示第219号最終改正）に基づく評価。	平成17年度税制の適用を受ける場合、平成21年11月4日付け「企業再生支援機構の実務運用標準」の別紙1「再生計画における資産評定基準」に基づく評価。	

153

手続	会社更生	民事再生	破産	特別清算	特定調停
②評価損益	強制計上で会計帳簿への反映必要（法法25②、33③）。純評価損益は期限切れ欠損金の控除対象（評価損控除後）である（法法59①）。	（評価損益税制適用あり）会計帳簿への反映不要、別表等の添付必要（法法25③、33④）。純評価損益は期限切れ欠損金の控除対象（評価損控除後）である（法法59②）。（評価損益税制適用なし）会計帳簿へ反映することで評価損の損金算入可能性あり（法法33②）。			一般的には計上できないが、右に相当する手続による場合には可能性がある。
3.欠損金控除の取扱い					
(1)期限切れ欠損金の控除できる要件	会社更生手続の開始決定があり、債務免除・役員等からの私財提供を受け又は資産の評価替えを行ったとき（法法59①）及び清算する場合の清算中の各事業年度において残余財産がないと見込まれるとき（法法59③）。	民事再生手続の開始決定があり、債務免除・役員等からの私財提供を受け又は資産の評価替えを行ったとき（法法59②）及び清算する場合の清算中の各事業年度において残余財産がないと見込まれるとき（法法59③）。	破産手続開始決定があり、債務免除・役員等からの私財提供を受けたとき（法法59②）及び清算中の各事業年度において残余財産がないと見込まれるとき（法法59③）。	特別清算手続開始命令があり、債務免除・役員等からの私財提供を受けたとき（法法59②）及び清算中の各事業年度において残余財産がないと見込まれるとき（法法59③）。	一般的には期限切れ欠損金の控除とならない。

付録1：事業再生の手続と税制の関係

私的整理ガイドライン	中小企業再生支援協議会	RCC企業再生スキーム（調整機能）	事業再生ADR	企業再生支援機構	個人債務者の私的整理ガイドライン
一定の私的整理の要件に該当する場合（法令24の2①二）で評価損益税制あり。会計帳簿への反映不要、別表等の添付必要（法法25③、33④）。純評価損益は期限切れ欠損金の控除対象（評価損控除後）である（法法59②）。					
複数の金融機関が債権放棄をする場合のみ適用可。	RCCのみが債権放棄する場合でも適用可。	複数の金融機関が債権放棄をする場合のみ適用可。	企業再生支援機構のみが債権放棄する場合でも適用可。	
（評価損益税制の適用なし）産業活力再生特別措置法認定の場合のみ会計帳簿へ反映することで評価損の損金算入可能性あり（法法33②）					
政令で定める事実（法基通12－3－1⑶）が生じたことにより、債務免除・役員等からの私財提供を受け又は資産の評価替えを行ったとき（法法59②、法令117④）及び清算する場合の清算中の各事業年度において残余財産がないと見込まれるとき（法法59③）。					

手続	会社更生	民事再生	破産	特別清算	特定調停
(2)期限切れ欠損金の計算	次の①から②を控除した金額 ①前事業年度以前から繰り越された欠損金額の合計額（法人税申告書別表五（一）の「翌期首現在利益積立金額の合計額」がマイナスの場合は当該金額） ②青色欠損金（法法59①、法令116の3） （清算中の各事業年度において残余財産がないと見込まれるとき） ①上記①と同じ ②青色欠損金の当期控除額（法法59③、法令118）	（平成17年度税制適用あり） 次の①から②を控除した金額 ①前事業年度以前から繰り越された欠損金額の合計額（法人税申告書別表五（一）の「翌期首現在利益積立金額の合計額」がマイナスの場合は当該金額） ②青色欠損金 （平成17年度税制適用なし又は清算中の各事業年度において残余財産がないと見込まれるとき） 次の①から②を控除した金額 ①上記①と同じ ②青色欠損金の当期控除額（法法59②、法令117の2、法法59③、法令118）	次の①から②を控除した金額 ①左記の民事再生の①と同じ ②青色欠損金の当期控除額（法法59②、法令117の2、法法59③、法令118）	次の①から②を控除した金額 ①左記の民事再生の①と同じ ②青色欠損金の当期控除額（法法59②、法令117の2、法法59③、法令118）	一般的には期限切れ欠損金の控除はできない。

付録1：事業再生の手続と税制の関係

私的整理ガイドライン	中小企業再生支援協議会	RCC企業再生スキーム（調整機能）	事業再生ADR	企業再生支援機構	個人債務者の私的整理ガイドライン
（平成17年度税制適用あり） 次の①から②を控除した金額 ①前事業年度以前から繰り越された欠損金額の合計額（法人税申告書別表五（一）の「翌期首現在利益積立金額の合計額」がマイナスの場合は当該金額） ②青色欠損金額 （平成17年度税制適用なし又は清算中の各事業年度において残余財産がないと見込まれるとき） 次の①から②を控除した金額 ①上記①と同じ ②青色欠損金の当期控除額 （法法59②、法令117の2、法法59③、法令118）					

手続	会社更生	民事再生	破産	特別清算	特定調停
(3)期限切れ欠損金控除対象利益	次の①②③の合計額 ①債務免除・消滅益 ②私財提供益 ③資産の評定益から評定損を控除した額、マイナスの時はゼロとする（法法59①） （清算中の各事業年度において残余財産がないと見込まれるとき） 対象利益の制限なし（法法59③）	（平成17年度税制適用あり） 次の①②③の合計額 ①債務免除・消滅益 ②私財提供益 ③資産の評定益から評定損を控除した額 （平成17年度税制適用なし） 次の①②の合計額 ①債務免除・消滅益 ②私財提供益（法法59②） （清算中の各事業年度において残余財産がないと見込まれるとき） 対象利益の制限なし（法法59③）	次の①②の合計額 ①債務免除・消滅益 ②私財提供益（法法59②） （清算中の各事業年度において残余財産がないと見込まれるとき） 対象利益の制限なし（法法59③）	次の①②の合計額 ①債務免除・消滅益 ②私財提供益（法法59②） （清算中の各事業年度において残余財産がないと見込まれるとき） 対象利益の制限なし（法法59③）	一般的には期限切れ欠損金の控除はできない。

付録 1：事業再生の手続と税制の関係

私的整理 ガイドライン	中小企業再生支援 協議会	RCC企業再生 スキーム （調整機能）	事業再生ADR	企業再生支援機構	個人債務者の私的 整理ガイドライン
（平成17年度税制適用あり） 次の①②③の合計額 ①債務免除・消滅益 ②私財提供益 ③資産の評定益から評定損を控除した額 （平成17年度税制適用なし） 次の①②の合計額 ①債務免除・消滅益 ②私財提供益 （法法59②） （清算中の各事業年度において残余財産がないと見込まれるとき） 対象利益の制限なし（法法59③）					

159

手続	会社更生	民事再生	破産	特別清算	特定調停
(4)期限切れ欠損金の控除限度額	次の①②のうちいずれか低い金額 ①期限切れ欠損金 ②期限切れ欠損金控除対象利益 (法法59①) (清算中の各事業年度において残余財産がないと見込まれるとき) 次の①②のうちいずれか低い金額 ①期限切れ欠損金 ②青色欠損金控除後の当期所得金額 (法法59③)	(平成17年度税制適用あり) 次の①②③のうちいずれか低い金額 ①期限切れ欠損金 ②特例控除対象利益 ③青色欠損金控除前の当期所得金額 (平成17年度税制適用あり) 次の①②③のうちいずれか低い金額 ①期限切れ欠損金 ②特例控除対象利益 ③青色欠損金控除後の当期所得金額 (法法59②) (清算中の各事業年度において残余財産がないと見込まれるとき) 次の①②のうちいずれか低い金額 ①期限切れ欠損金 ②青色欠損金控除後の当期所得金額 (法法59③)	次の①②③のうちいずれか低い金額 ①期限切れ欠損金 ②特例控除対象利益 ③青色欠損金控除後の当期所得金額 (法法59②) (清算中の各事業年度において残余財産がないと見込まれるとき) 次の①②のうちいずれか低い金額 ①期限切れ欠損金 ②青色欠損金控除後の当期所得金額 (法法59③)	次の①②③のうちいずれか低い金額 ①期限切れ欠損金 ②特例控除対象利益 ③青色欠損金控除後の当期所得金額 (法法59②) (清算中の各事業年度において残余財産がないと見込まれるとき) 次の①②のうちいずれか低い金額 ①期限切れ欠損金 ②青色欠損金控除後の当期所得金額 (法法59③)	一般的には期限切れ欠損金の控除はできない。

付録１：事業再生の手続と税制の関係

私的整理ガイドライン	中小企業再生支援協議会	RCC企業再生スキーム（調整機能）	事業再生ADR	企業再生支援機構	個人債務者の私的整理ガイドライン
（平成17年度税制適用あり） 次の①②③のうちいずれか低い金額 ①期限切れ欠損金 ②特例控除対象利益 ③青色欠損金控除前の当期所得金額 （平成17年度税制適用あり） 次の①②③のうちいずれか低い金額 ①期限切れ欠損金 ②特例控除対象利益 ③青色欠損金控除後の当期所得金額 （法法59②） （清算中の各事業年度において残余財産がないと見込まれるとき） 次の①②のうちいずれか低い金額 ①期限切れ欠損金 ②青色欠損金控除後の当期所得金額 （法法59③）					

手続	会社更生	民事再生	破産	特別清算	特定調停
(5)繰越欠損金の控除順序	次の順序とする。 ①期限切れ欠損金 (②純資産評定損) ③青色欠損金 (法法59①、法令116の3) (清算中の各事業年度において残余財産がないと見込まれるとき) (①評価損) ②青色欠損金 ③期限切れ欠損金 (法法59③、法令118)	(平成17年度税制適用あり) 次の順序とする。 (①純評価損) ②期限切れ欠損金 ③青色欠損金 (法法59②、法令117の2) (平成17年度税制適用なし又は清算中の各事業年度において残余財産がないと見込まれるとき) 次の順序とする。 (①評価損) ②青色欠損金 ③期限切れ欠損金 (法法59②、法令117の2、法法59③、法令118)	次の順序とする。 (①評価損) ②青色欠損金 ③期限切れ欠損金 (法法59②、法令117の2、法法59③、法令118)	次の順序とする。 (①評価損) ②青色欠損金 ③期限切れ欠損金 (法法59②、法令117の2、法法59③、法令118)	一般的には計上できない。
(6)外形標準課税の単年度損益の算定	原則は、青色欠損金の繰越控除等は行わないが、特例として会社更生法等に伴う欠損金の損金算入制度(法法59)については法人税の例によることになり、一定の金額が単年度損益の計算上損金となる(地方税法72の18、地方税法施行令20の2の11)。		一般的には青色欠損金の繰越控除等はできない。	一般的には青色欠損金の繰越控除等はできない。	一般的には青色欠損金の繰越控除等はできない。
4.法人税等の還付	開始申立により、欠損金の繰戻し還付の特例適用可能(法法80①・④、法基通17-2-3)。	開始決定により、欠損金の繰戻し還付の特例適用可能(法法80①・④、法令154の3)。	裁判所による破産手続の開始決定により欠損金の繰戻し還付の適用可能(法法80①・④)	裁判所による破産手続の開始決定により欠損金の繰戻し還付の適用可能(法法80①・④)	資本金1億円以

付録1:事業再生の手続と税制の関係

私的整理ガイドライン	中小企業再生支援協議会	RCC企業再生スキーム（調整機能）	事業再生ADR	企業再生支援機構	個人債務者の私的整理ガイドライン
（平成17年度税制適用あり） 次の順序とする。 （①純評価損） ②期限切れ欠損金 ③青色欠損金 （法法59②、法令117の2） （平成17年度税制適用なし又は清算中の各事業年度において残余財産がないと見込まれるとき） 次の順序とする。 （①評価損（産業活力再生特別措置法認定の場合）） ②青色欠損金 ③期限切れ欠損金 （法法59②、法令117の2、法法59③、法令118）					
原則は、青色欠損金の繰越控除等は行わないが、特例として会社更生法等に伴う欠損金の損金算入制度（法法59）については法人税の例によることになり、一定の金額が単年度損益の計算上損金となる（地方税法72の18、地方税法施行令20の2の11）					
下の普通法人、解散等特定の事実が生じた場合（措法66の13①、法法80④、法令154の3）					

手続	会社更生	民事再生	破産	特別清算	特定調停
5.債権放棄					
金融債権者等が子会社等を再建・整理する場合					
①貸倒損失	法人税基本通達9－6－1(1)に基づく貸倒損失の損金計上が認められる。	法人税基本通達9－6－1(4)又は9－6－2の適用可能性を検討する。また、最近の裁決事例では破産終結、同時廃止又は異時廃止があった場合は回収可能性がないと判断された事例もある。	法人税基本通達9－6－1(1)に基づく貸倒損失の損金計上が認められる。	法人税法基本通適用は債権全額	

付録1：事業再生の手続と税制の関係

私的整理ガイドライン	中小企業再生支援協議会	RCC企業再生スキーム（調整機能）	事業再生ADR	企業再生支援機構	個人債務者の私的整理ガイドライン
達9－6－1（3)・(4)の適用可能性を検討する。なお、法人税法基本通達9－6－2のの回収不能が必要。					平成23年8月16日に国税庁より回答された「「個人債務者の私的整理に関するガイドライン」に基づき作成された弁済計画に従い債権放棄が行われた場合の課税関係について」によれば、ガイドラインに基づいて作成・成立した弁済計画により債権放棄が行われた場合には、原則として、法人税基本通達9－6－1(1)に基づく貸倒損失の損金計上が認められることが確認されている。

手続	会社更生	民事再生	破産	特別清算	特定調停
②支援・整理損失（債権放棄等）					子会社等に対しおいて、これらである等の相当可能性を検討(法質疑応答事例等」いるか否かの判
					債権者の損失負担等（供与する経済的利益額）経済合理性を有しているか否かの判断に関しては、国税庁が平成12年に「子会社等を整理・再建する場合の損失負担等に係る質疑応答事例等」を開示している。
③貸倒引当金（個別評価金銭債権を想定）	法人税法第52条第1項、法人税法施行令第96条第1項第1号（長期の棚上げ等）・第3号（形式基準）に基づいて計算された貸倒引当金繰入限度額は損金経理を条件に、損金計上が認められている。		法人税法第52条第1項、法人税法施行令第96条第1項第3号（形式基準）に基づいて計算された貸倒引当金繰入限度額は損金経理を条件に、損金計上が認められている。		法人税法施行令

（田中亀雄・土屋章・多比羅誠・須藤英章・

付録1：事業再生の手続と税制の関係

私的整理ガイドライン	中小企業再生支援協議会	RCC企業再生スキーム（調整機能）	事業再生ADR	企業再生支援機構	個人債務者の私的整理ガイドライン
\<2列にまたがる\> て金銭の無償若しくは通常の利率よりも低い利率での貸付又は債権放棄等を行った場合に経済的利益が業績不振の子会社等の倒産を防止するもので合理的な再建計画に基づくものな理由があると認められる場合は、供与する経済的利益は寄付金に該当しないため、適用基準9－4－2）。なお、債権者の損失負担等（供与する経済的利益）が経済合理性を有して断に関しては、国税庁は平成12年に「子会社等を整理・再建する場合の損失負担等に係るを公表している。					
平成13年9月26日に国税庁より回答された「「私的整理に関するガイドライン」に基づき策定された再建計画により債権放棄等が行われた場合の税務上の取扱いについて（照会）」によれば、ガイドラインに基づき策定された再建計画により債権放棄等が行われた場合には、原則として、法人税基本通達9－4－2にいう合理的な債権放棄等であることが確認されている。	平成15年7月31日に国税庁より回答された「中小企業再生支援協議会で策定を支援した再建計画（A社及びB社のモデルケース）に基づき債権放棄が行われた場合の税務上の取扱いについて（通知）」によれば、原則として、法人税基本通達9－4－2にいう合理的な再建計画に基づく債権放棄等であることが確認されている。また、平成17年6月に国税庁より回答された文書で、平成17年度税制を利用する場合に関して同様に確認されている。	平成23年9月29日に国税庁より回答された「「RCC企業再生スキーム」に基づき策定された再生計画により債権放棄が行われた場合の税務上の取扱いについて」によれば、RCC企業再生スキームに基づき作成された再生計画により金融機関等が債権放棄等が行われた場合には、原則として、法人税基本通達9－4－2にいう合理的な再建計画に基づく債権放棄等であることが確認されている。	平成20年3月25日に国税庁より回答された「特定認証紛争解決手続に従って策定された事業再生計画により債権放棄等が行われた場合の税務上の取扱い」及び「特定認証紛争解決手続に従って策定された事業再生計画により債権放棄等が行われた場合の税務上の取扱いについて」（平成21年7月9日）によれば、特定認証紛争解決手続に従って策定された事業再生計画により債権放棄等を行う場合には、原則として、法人税法基本通達9－4－2にいう合理的な債権放棄等であることが確認されている。	平成21年11月6日に国税庁より回答された「株式会社企業再生支援機構が買取決定等を行った債権の債務者に係る事業再生計画に基づき債権放棄等が行われた場合の税務上の取扱いについて」によれば、企業再生支援機構の支援を受けて策定された事業再生計画により債権放棄等を行う場合には、原則として、法人税法基本通達9－4－2にいう合理的な債権放棄等であることが確認されている。	第96条第1項第1号（法律的基準）・第2号（実質基準）の適用可能性を検討。

宮川勝之編　「私的整理ガイドラインの実務」（社団法人金融財政事情研究会・2007年）を参考に作成）

付録２：事業再生税制改正の推移と私的整理の要件

（１）平成17年度事業再生税制の意義

　事業再生における税制上の問題点は、債務免除益課税への対応であった。再建計画の合意・決定に伴い、計画に従って債権放棄がなされたり、経営者から私財提供等を受けた場合、これらによる利益はいったん必ず法人税の課税所得を構成することとなるが、債務免除や経営者の個人保証の実行により発生した求償権の放棄等は債務者企業に新たな資金流入をもたらす利益ではなく、それらの非資金利益に対して課税がなされると担税能力の問題が生じ、事業再生が困難となる可能性が高くなる。そこで、その債務免除益に対して期限切れ欠損金などを充当して債務免除益に対する課税を回避することが税制上で措置されている。

　平成17年度税制改正前は、会社更生においては私財提供益・債務免除益に対して青色欠損金に優先して期限切れ欠損金を利用することなどが認められていたが、民事再生の場合には、青色欠損金の次に期限切れ欠損金を利用することとなっていたし、私的整理の場合には、私的整理ガイドライン、RCC企業再生スキーム及び中小企業再生支援協議会スキームの場合を除き期限切れ欠損金の利用はできず、資産の評価損の計上についても債権放棄を含む産活法の認定を受けた場合等に限られていた。

　その後平成17年度税制改正により、民事再生のほかこれらの私的整理のうち一定の要件を満たす債務処理計画に基づくものの場合においても資産評価損益の計上及び期限切れ欠損金からの優先利用が認められることとなったが、平成17年度税制改正は主に大企業の私的整理を視野に入れた改正だったため、私的整理の場合の要件として二行以上の金融機関等による債務免除、専門家三名以上[58]の関与（「二行三人要件」）等の厳しい要件が課されており、特に中小企業・地方の再生案件においては要件がかなり厳格であるほか、そもそも計上でき得る評価損の対象となる資産が限定されていること、期限切れ欠損金が十分に無いなど、要件を充足したとしてもメリットが乏しいという実情も見受けられ、

本規定の積極的な活用に至らない傾向がうかがえる。

（２）平成21年度事業再生税制の役割と課題

　事業再生税制は前述のとおり平成17年度税制改正により大きな改正が行われたが、この税制改正はどちらかというと大企業を対象としたものであり、その要件もかなり厳格となっていた。中小企業にとってはそもそも要件を満たすこと自体が困難であること、また、仮に要件を満たせたとしても評価損の対象となる資産をあまり保有しておらず利用価値があまりないなどの理由から、実際にその恩恵を受けることができるケースは少なく、協議会による中小企業の事業再生実務においては平成17年度改正税制よりも、むしろ前述した第二会社方式の件数の方が多かったようである。

　そこで、平成21年度税制改正では上記のような問題点への対応をはじめとして次のような改正が行われた。

① 産活法に規定する認定事業計画等に基づき行う登記に対する登録免許税の軽減措置について、対象となる計画類型に産活法の一部改正により創設される中小企業承継事業再生計画が追加された（措法80）。また、認定事業再構築計画等に従って譲渡される不動産に係る不動産取得税の減額措置について、一定の要件を満たす譲渡により取得する不動産が適用対象に加えられたとともに、対象となる計画類型に上記の中小企業承継事業再生計画（２(6)参照）が追加された（地方税法附則11の４）。

② 中小規模再生（有利子負債が10億円未満の企業再生）の場合には専門家関与人数を従来の三人から二人に引き下げ、また、評価損対象資産についても従来の1,000万円以上から100万円以上に引き下げた。

③ 二行以上の金融機関等からの債務免除要件についてはその債務免除の当事者に地方公共団体が加えられ、債務免除の範囲にDESによる債務消減益が加えられた。また、企業再生支援機構が関与した私的整理を適用対象に加えた。

④ 評価損の計上対象となる資産の範囲に債権が追加された。

⑤ 仮装経理に基づく過大申告の場合の更正に伴い減額された法人税額につい

て、一定の事業再生事由が生じた場合には、繰越控除制度の適用を終了し、控除未済額を還付することとされた。
⑥　中小企業等（期末の出資金又は資本金が１億円以下の普通法人等）については欠損金繰戻し還付制度の適用を受けることができることとなった。

　これにより、従来に比べ中小企業の事業再生においても平成17年度税制改正を利用することができるケースが増えることになるものと考えられる。また、債権が評価損の対象資産になったことは、従来の貸倒損失・貸倒引当金制度では十分な損金計上がしにくかった金融業やグループ会社に対する債権の多い会社にとって実務上最も大きな改正であろう。

　ただし、平成21年度税制改正によりその要件が緩和されたとはいえ、中小企業にとってはまだその要件は厳格であるといえるため、今後も引続きこの点については検討すべき必要があるものと考えられる。

(3) 場面によって異なる私的整理の範囲

　これまでも債権の放棄が寄附金に該当するか、期限切れ欠損金がどの順番で利用できるか、評価損益の計上が認められるかという点に関して、その要件に該当する私的整理等に関する再建計画の要件について、法人税法関連法令・法令解釈通達・文書回答等により、個別的に要件が定められてきた。また、平成21年度税制改正では仮装経理の過大納付金の即時還付の要件としての「一定の企業再生事由」に該当する私的整理の要件が規定されることになった。なお、下の表に反映していないものとして、法人税法第33条第２項により評価損の損金経理による計上が認められる国税庁文書回答の産活法の債務免除等を伴う事業再構築計画及び経営資源再活用計画によるものがある。これは期限切れ欠損金の利用はできないものと解されている。

　これまでの税制上の私的整理の要件を、一覧表にすると以下のようになる。

　私的整理の条件が規定される場面は、AからEまであるが、Aが最も適用要件が厳格であり、以下②のようにB、Cは文書回答上、一対（セット）として照会されていることが多い。そこで、Aの要件を満たす場合には、債権者にお

いて手続要件を除きC又はDの取扱いを受ける要件を具備することができるものと思われる。ただし、B、Cを満たしてもAを満たすとは限らない、その例が本文の2(3)で述べた「中小企業再生支援協議会スキーム」である。

Dは②の文書回答が整理される以前からある規定（通達）だが、Eの適用要件は、Dと同レベルであり、相対的に低いハードルが設定されたものと考えられる。

① 平成17年度税制　評価損益　期限切れ欠損金優先（債務処理計画）
（対応する文書回答）
- 私的整理に関するガイドライン及び同Q&Aに基づき策定された再建計画により債権放棄等が行われた場合の債務者側の税務上の取扱いについて（平成17年5月11日）
- 「中小企業再生支援協議会の支援による再生計画の策定手順（再生計画検討委員会が再生計画案の調査・報告を行う場合）」に従って策定された再生計画により債権放棄等が行われた場合の税務上の取扱いについて（平成17年6月30日）
- 「RCC企業再生スキーム」に基づき策定された再生計画により債権放棄等が行われた場合の債務者側の税務上の取扱いについて（平成17年8月26日）
- 特定認証紛争解決手続に従って策定された事業再生計画により債権放棄等が行われた場合の税務上の取扱いについて（平成20年3月28日）
- 特定認証紛争解決手続に従って策定された事業再生計画により債権放棄等が行われた場合の税務上の取扱いについて（平成21年7月9日）
- 株式会社企業再生支援機構が買取決定等を行った債権の債務者に係る事業再生計画に基づき債権放棄等が行われた場合の税務上の取扱いについて（平成21年11月6日）
- 「RCC企業再生スキーム」に基づき策定された再生計画により債権放棄等が行われた場合の税務上の取扱いについて（平成23年9月29日）

② 債権放棄損金　期限切れ欠損金劣後（合理的再建計画及び合理的資産整

理）
（対応する文書回答）
- 「「私的整理に関するガイドライン」に基づき策定された再建計画により債権放棄等が行われた場合の税務上の取扱いについて」（平成13年9月26日）
- 「株式会社産業再生機構が買取決定を行った債権の債務者に係る事業再生計画に基づき債権放棄が行われた場合の税務上の取扱いについて」（平成15年5月8日）
- 「中小企業再生支援協議会で策定を支援した再建計画（A社及びB社のモデルケース）に基づき債権放棄が行われた場合の税務上の取扱いについて」（平成15年7月31日）
- 「「RCC企業再生スキーム」に基づき策定された再生計画により債権放棄等が行われた場合の税務上の取扱いについて」（平成16年3月24日）

（質疑応答）
- 債権放棄を受けた場合の法人税法第59条第2項の規定の適用の有無の検討

（特定調停）　9－4－1、2又は9－6－1[59]としている

③　債権放棄損貸倒、仮装経理税還付（合理的負債整理及び一定の事業再生事由）
（質疑応答）
- 法人税基本通達9－6－1(3)ロに該当する貸倒損失（特定調停）

④　債権放棄損貸倒（合理的負債整理）
（対応する文書回答）
- 「「個人債務者の私的整理に関するガイドライン」に基づき作成された弁済計画に従い債権放棄が行われた場合の課税関係について」（平成23年8月16日）

付録２：事業再生税制改正の推移と私的整理の要件

場面	当事者	概要 （根拠法令）	準用される場面	要件の内容
A 評価損益・期限切れ欠損金優先	債権者・債務者	（債務処理計画） 民事再生・私的整理で評価損益を計上し、かつ、債務免除益等について期限切れ欠損金の青色欠損金に優先する利用の要件 （法法33③、法令24の2①、法法59②三）、（いわゆる「平成17年度税制」平成17年度後の「私的整理ガイドライン」等）（6(5)参照）	組織再編の場合での特定資産譲渡等損失の制限（法法62の7）の例外となる「再生等期間譲渡等」（法令123の8③四、⑦二）に準用される等） （6(5)①②参照）	複数の金融機関の債務免除等が規定されていること（法令24の2①四）や三名以上利害関係を有しない専門家の関与（法則8の5） その他の要件（中小規模再生の場合には、専門家の数は二名以上とされるなどの要件の緩和もある（4(3)の要件参照））

場面	当事者	概要 （根拠法令）	準用される場面	要件の内容
B　期限切れ欠損金劣後利用可否	債権者・債務者（BとCセット）	（合理的資産整理） 債務免除益等について期限切れ欠損金を青色欠損金の次に利用する要件となる再生手続開始の決定等に準ずる事実に該当する私的整理の要件 （法法59②、法令117四、法基通12－3－1(3)）、（平成13年当時の「私的整理ガイドライン」）（6⑸参照）	「欠損会社の買収に伴う繰越欠損金の制限（法法57の2・60の3等）」の適用除外になる事由（法令113の2⑥二）や欠損金利用制限の解除の要件（同⑪一）（6⑸③参照）	以下のいずれか (1)　会社更生・民事再生・特別清算・破産手続開始以外において法律の定める手続による資産の整理があったこと (2)　主務官庁の指示に基づき再建整備のための一連の手続を織り込んだ一定の計画を作成し、これに従って行う資産の整理があったこと (3)　(1)及び(2)以外の資産の整理で、例えば、親子会社間において親会社が子会社に対して有する債権を単に免除するというようなものでなく、債務の免除等が多数の債権者によって協議の上決められる等その決定についてし意性がなく、かつ、その内容に合理性があると認められる資産の整理があったこと （法基通12－3－1(3)）

付録２：事業再生税制改正の推移と私的整理の要件

場面	当事者	概要 （根拠法令）	準用される場面	要件の内容
C　子会社等への債権放棄損金性		（合理的再建計画） 債権放棄等が、債権者において寄附金とならずに損金と取り扱われる要件となる合理的再建計画 （法基通９－４－２）、 （平成13年当時の「私的整理ガイドライン」） （６(2)①参照）	（DES債権者の株式取得価額） 法基通２－３－14（６(3)①参照）	次のような点について、総合的に検討 ①　損失負担等を受ける者は、「子会社等」に該当するか ②　子会社等は経営危機に陥っているか（倒産の危機にあるか） ③　損失負担等を行うことは相当か（支援者にとって相当な理由はあるか） ④　損失負担等の額（支援額）は合理的であるか（過剰支援になっていないか） ⑤　整理・再建管理はなされているか（その後の子会社等の立直り状況に応じて支援額を見直すこととされているか） ⑥　損失負担等をする支援者の範囲は相当であるか（特定の債権者等が意図的に加わっていないなどの恣意性がないか） ⑦　損失負担等の額の割合は合理的であるか（特定の債権者だけが不当に負担を重くし又は免れていないか） （質疑応答事例[60]の回答より）

175

場面	当事者	概要 (根拠法令)	準用される場面	要件の内容
D 個別貸倒引当金（法令等長期棚上額）の可否	債権者	（合理的負債整理） 個別評価金銭債権に係る貸倒引当金の繰り入れが可能となる事由 （法法52①、法令96①一ニ、法規25の２）	準用ではないが、債権放棄が、債権者において貸倒損失として損金と取り扱われる要件となる合理的な基準による債務者の負債整理手続 （法法22④、法基通９－６－１(3)、（6(1)①イ参照）も同様の要件、下の「一定の企業再生事由」の一部が同一の要件ということは、これと同じレベルか	法令の規定による整理手続によらない関係者の協議決定で次に掲げるもの 一　債権者集会の協議決定で合理的な基準により債務者の負債整理を定めているもの 二　行政機関又は金融機関その他の第三者のあっせんによる当事者間の協議により締結された契約でその内容がイに準ずるもの （法規25の２）
E 仮装経理税額早期還付可否	債務者	（一定の企業再生事由） 仮装経理法人税額のうち当該事実が生じた時においてまだ控除を受けていない税額について直ちに還付を請求することができる私的整理の要件 （法法134の２④、４(5)①参照）		以下のいずれか ①　上の債務処理計画（法令24の２①、同174の２②） ②　債権者集会の協議決定で合理的な基準により債務者の負債整理を定めているもの ③　行政機関、金融機関その他第三者のあっせんによる当事者間の協議による③に準ずる内容の契約の締結 （法規60の２①）

付録3：会社更生法改正時の財産評定に関する議論

(1) 資本の再構築手続の必要性

　会社更生手続は戦後に米国におけるCorporate Reorganization制度を日本に導入したものである。「Reorganization」は直訳すれば再組織ということであろうが、米国において当初は制定法はなく、判例法上発展せしめられた制度が19世紀末以来利用されてきた。この手続は、窮境に至った企業につき、会社の資本構成の変更を試みることを主眼としつつ、その解体を避け、再起または新発足させることを目的としたものである。会社財産を債務の引当として債権者にいわば代物弁済をなし、債権者はそれを新会社に現物出資し、それに代えて証券を受領するという手続であった[61]。

　会社更生手続は以上のようにその当初において、現在デット・エクイティ・スワップに類似する側面があったことが注目されるが、まさに資本の再構築手続といえる。会社更生法において、株主総会や取締役会の機能が停止され、一方、担保権者、租税等の優先債権者も更生計画をもってしか弁済を受け得ず、そして、開始決定において定款上の事業年度が一度終了し、認可決定日までが一事業年度とされ、財産評定価額をもって資産の新たな取得価額とするという計算規定が存在するのは、資本の再構築手続（株式会社として株主の権利が変更され、かつ、あらたな所有関係に再構築されるという、いわば別な株式会社に生まれ変わること）であることにほかならない。

　会社更生法施行規則第1条（財産の評価）では、更生計画の認可決定時の貸借対照表及び財産目録に記載し、又は記載すべき財産の評価については、会社計算規則第5条及び第6条（資産及び負債の貸借対照表価額）の規定を準用するものとし、この財産について会社更生法第83条第1項の規定により財産評定した価額を取得価額とみなすものとするとしている。すなわち、財産評定価額をもって資産の新しい取得価額とし、以降減価償却等の適正な計算を行っていくことを定めている。

　以上、会社更生手続は会計面においても極めてドラスティックな手続であり、

よって、すべての事業再生の会計を考える上でも更生手続における資産評定の基準等について、考察する意味がある。

（2）時価による財産評定の導入

　資本の再構築であるがゆえに資産の全面的評価替えが行われるのであるが、当初から時価評価と規定されていたわけではない。平成15年改正前の財産評定規定は旧会社更生法第177条であるが、同条第2項において「前項の規定による評定は、会社の事業を継続するものとしてしなければならない」と規定されていた。よって、旧会社更生法時代は継続事業価値による評価といわれていた。この継続事業価値概念も昭和42年改正によって導入されたものであり、この継続事業価値概念から、平成15年改正によって時価概念と変わるのである。

　平成15年改正後の財産評定に関する条文第83条第2項に「前項の規定による評定は、更生手続開始の時における時価によるものとする」と規定され、時価概念に変わった。

　この変遷については、更生改正要綱試案及び補足説明にその主意が示されている[62]。

　財産評定についての概念規定が変わったのは、長年の財産評定を巡っての判例あるいは議論を織り込んだものと思われる。「補足説明」の記述によれば、次のように解説されている。

① 　昭和42年改正によって「継続事業価値」であり、帳簿価額、清算価額によるものではないことが明確になったが、継続事業価値評価の具体的な算定方法は必ずしも明らかではなかった。

② 　学説上はいわゆる収益還元法による企業全体価値を算定しこれを個々の資産に割り付けるとの見解が有力であったが、その評価手法が確立していないこともあり、様々な見解が唱えられ、実務上の取り扱いも帰一するところがなかった。

③ 　そのため旧法下においては財産評定、担保権目的物の評価のいずれもその基準に透明性が欠けており、実務上も管財人と更生担保権者との間でし

ばしば紛争を生ずる原因となって、手続の迅速性を著しく阻害してきた。
　④　事業継続を前提とした評価額が清算価額を下回る場合には、更生担保権者の権利を不当に侵害する結果となっているとの指摘がされている。
「補足説明」は財産評定制度の機能を以下のように整理している。
　①　更生会社の資産状態を正確に把握すること
　②　更生会社の会計の具体的基礎を与えること
　③　利害関係人の権利範囲を明確化すること
　④　更生計画の遂行可能性を判断する前提とすること
　⑤　権利分配の公正、衡平を判断する前提とすること

①、②は更生手続開始時の資産を適切に再評価することにより、再生を目指す時点としての資産価額を再構築し以降の損益計算の基礎とする一方、欠損金の適正な算定をなし、その後の分配可能利益計算の基礎を固めることである。③は更生担保権の目的物の評価である。これに対し④、⑤は弁済総額の算定のための資産評価である。会社更生は観念的清算を行うものであり、債権者に対する総弁済額は資産総額となるという基本理念（観念的清算論[63]という。）のための評価である。よって、そこでは資産の評価減額だけでなく、評価増額も行われることになる。

（３）財産評定の機能別分化

そして、「補足説明」では①、②、③の機能を果たすためには更生手続開始時の個別財産の価額を明らかにする必要があり、④、⑤の機能を果たすためには企業全体の価値を明らかにする必要があるが、これを同一の基準時及び客観的評価基準によって評定するものとして、従来規定してきたのが問題を生じさせてきたと指摘する。

その結果「更生改正要綱試案」では、その第42で
　①　財産評定は時価によること
　②　事業全体の価値の評定の必要性
　③　清算を前提とする評定の必要性

④　更生担保権の目的物の評定は時価による

といった方向性を明示した。改正結果として①については財産評定は時価によることが前述のとおり、改正後第83条第2項となった。④については、第2条（定義規定）第10項において、「「更生担保権」とは、更生手続開始当時更生会社の財産につき存する担保権（省略）のうち、当該担保権の目的である財産の価額が更生手続開始の時における時価であるとした場合における当該担保権によって担保された範囲のものをいう」と規定された。②、③については会社更生規則第51条によって、「裁判所は、必要があると認めるときは、更生計画案を提出した者に対し、法83条第1項の規定による評定と異なる時点又は異なる評価の基準による更生会社に属する一切の財産の評価その他の更生計画案の当否の判断のために参考となるべき事項を記録した書類を提出させることができる」と規定された。

また、更生担保権の目的物の評価においても「時価」とした点につき「補足説明」では次のように解説されている。

① 　更生担保権に係る担保権の目的物の評価基準と財産評定の評価基準とは、理論上必ずしも同一である必要はないが、これを同一の基準としている現行法の定めは、手続構造の理解を容易にし、手続コストの低減にもつながっていることから、合理的なものと考える。
② 　担保権の目的物の客観的評価基準を「時価」に改めることは、担保権の目的物の評価において更生担保権者の権利が不当に侵害される場合があるという現行法に対する批判に応えることにもなる。

（4）時価概念について

以上の経緯に基づき新法では、「会社の事業を継続するものとしてしなければならない」から、「更生手続開始の時における時価」という規定に変わったのである。しかし時価とは何かが問題である。「試案」では注記において「時価」概念については、更に具体的な規定を設けるか否かについては、なお検討するものとすると記されている。しかし会社更生規則にも時価概念の規定は特にな

く、時価については理論及び今後の実務に任されることになった。

　そこで、日本公認会計士協会では、平成16年5月（改正平成19年5月）に「財産評定等ガイドライン」を策定、公表し、財産評定の実務に資することとした。「財産評定等ガイドライン」第52項で、会社更生法第83条の時価には、「①企業会計の「時価」を意味するものと、②企業会計上「時価」ではないが、代替的に又は特定的にある価額によるもの（省略）とが考えられる」と記載されており、①のみならず②を含めている。企業会計の時価について、第53項で、「企業会計の時価とは、公正な評価額をいう。通常、それは観察可能な市場価格をいい、市場価格が観察できない場合には合理的に算定された価額をいう」としている。よって、財産評定における時価は基本的に企業会計における種々の会計基準における時価と同様となっている[64]。

　また、会計制度委員会研究報告第11号では、更生会社は「更生計画の認可決定時においては、更生債権者、更生担保権者等に移転した更生会社の資産等を更生計画の下で再構築し、収益性を改善した後に、新たなる会社所有者へ事業全体が譲渡され、この会社所有者が再構築後の事業を取得したと解釈することもできる」とし、資産の全面的評価替えが会計上も容認されることを「取得」に求めている。すなわち、企業結合会計における「取得」と同一に捉え、パーチェス法評価につながるものと位置付けられる。

　なお、会社更生法改正前に制定された民事再生手続は、現状法的再生手続の基本法の位置付けにあるが、法的にすべての債務の権利変更を求める手続ではなく、本質的には資本の再構築を求める手続とはなっていない。

58 事業再生研究機構　税務問題委員会の平成23年度税制改正要望においても専門家要件の軽減等が要望として挙げられている。
59 法基通9－4－2は、同9－6－1(4)とは異なり、債務者の資産状況等から全額の弁済を受けられないことが明らかでない場合であっても寄附金とならない要件を定めたものである（6(1)①参照）。
60 国税庁ウェブサイト質疑応答　法人税関係（子会社等を整理・再建する場合の損失負担等）「1　合理的な整理計画又は再建計画とは」
61 「条解会社更生法　上」（兼子一監修　三日月章ほか著　株式会社弘文堂　1973年）参照
62 平成14年2月法務省法制審議会倒産法部会より「会社更生法改正要綱試案」が、同時に民事局参事官室より「会社更生法改正要綱試案補足説明」が公表され公開草案に付された。
63 観念的精算論とは会社更生手続の本質についての法律家における多数的見解である。会社更生手続は、債務者会社の財産をいったん債権者群に売却し、債権者群はその財産を現物出資して会社を設立して新会社の発行する株式を取得する衡平法上の管理手続から発達してきた。いわば会社財産の観念的な清算が一度行われ、新たな権利者に包括的に所得されるものと考える。この考え方のもとでは、資本金額と権利変更後の債務総額は原則的に資産と一致すべきと考えられ、更生計画認可時には債務超過の状態は解消されるべきとされる。債務超過の解消までの債務免除を求める更生実務を支える見解である。
64 現代会計は金融商品の評価を中心に時価による評価が会計処理に組み込まれた。金融商品については一般に証券市場あるいは店頭市場における価格の形成が行われ、観察可能な市場価格が把握がされやすく、かつ、その市場価格による評価がなじみやすい。しかし、伝統的会計の対象である事業資産についての市場価格の把握はかなり複雑となる。棚卸資産の市場価格も観察可能な場合があろうがその取引相場価格をそのまま財産評定価額とすることにはならない場合が多い。機械装置等設備資産については観察可能な市場価格がない場合が多いと思われる。そこで財産評定等ガイドラインは種々の資産の時価、あるいは評価額算定の方向性を提示しているのである。

著作権法により無断複写複製は禁止されています。

事業再生の実務

平成24年4月25日　初版発行

編　集　日本公認会計士協会 ©

発行者　山　崎　彰　三

発行所　日本公認会計士協会出版局
　　　　〒102-8264　東京都千代田区九段南4-4-1　公認会計士会館
　　　　電話　03(3515)1124
　　　　FAX　03(5226)3351
　　　　URL：http://www.jicpa.or.jp/

Printed in Japan 2012　　　　　　　　　　　　　　　製版：(有)一　企　画
　　　　　　　　　　　　　　　　　　　　　　　　　印刷製本：(株)あかね印刷工芸社

落丁、乱丁本はお取り替えします。
本書に関するお問い合わせは、読者窓口：book@sec.jicpa.or.jp までお願い致します。

ISBN 978-4-904901-23-6 C2034

本書とともに

事業承継支援マニュアル
日本公認会計士協会　編

A5判　320頁
定価　2,625円（税込）

日本公認会計士協会出版局